Martin Suter

HISTÓRIAS DIVERTIDAS DO MUNDO EMPRESARIAL

Intrigas, sobrevivência no trabalho e relações de poder

Tradução
CRISTINA ALBERTS

EDITORA CULTRIX
São Paulo

Título original: *Business Class II – Neue Geschichten aus der Welt des Managements.*

Dados Internacionais de Catalogação na Publicação (CIP)
(Câmara Brasileira do Livro, SP, Brasil)

Suter, Martin, 1948-.
Histórias divertidas do mundo empresarial : intrigas, sobrevivência no trabalho e relações de poder / Martin Suter ; tradução Cristina Alberts. -- São Paulo : Cultrix, 2007.

Título original: Business Class : Neue Geschichten aus der Welt des Managements.
ISBN 978-85-316-0983-1

1. Administração - Humor, sátira etc. 2. Negócios I. Título.

07-4732 CDD-658.00207

Índices para catálogo sistemático:
1. Administração de empresas : Histórias divertidas : Tratamento humorístico
658.00207

O primeiro número à esquerda indica a edição, ou reedição, desta obra. A primeira dezena à direita indica o ano em que esta edição, ou reedição, foi publicada.

Edição	Ano
1-2-3-4-5-6-7-8-9-10-11	07-08-09-10-11-12-13-14

Direitos de tradução para o Brasil
adquiridos com exclusividade pela
EDITORA PENSAMENTO-CULTRIX LTDA.
Rua Dr. Mário Vicente, 368 — 04270-000 — São Paulo, SP
Fone: 6166-9000 — Fax: 6166-9008
E-mail: pensamento@cultrix.com.br
http://www.pensamento-cultrix.com.br
que se reserva a propriedade literária desta tradução.

Sumário

Apresentação

Uma palavra define o livro que você vai ler: inteligente! Sem reclamar o título de autoridade no assunto, Suter mostra exatamente o que acontece nos bastidores de uma grande empresa, isto é, de qualquer empresa.

A solidariedade entre os funcionários quando se trata de obter vantagens, a impaciência quando não obtêm logo o resultado dos seus projetos, os infinitos telefonemas e a longa espera: "Por favor, a sua ligação é muito importante para nós, aguarde ao telefone..." E os subterfúgios para escapar de um cliente importuno, as desculpas pelos atrasos justificados ou não, as pausas para o café. Martin Suter tira de cada situação o seu aspecto mais humano, ridículo, trágico, ou simplesmente divertido. Afinal, sucesso na profissão não é tudo, ainda é preciso viver a vida lá fora.

As pessoas têm modelos por quem são guiadas, ídolos por quem são inspiradas, tipos ideais por quem são motivadas. É isso o que o autor nos mostra do seu jeito incomparável, pois o setor de recursos humanos é um dos mais sensíveis no amplo espectro de ação dos empresários.

A idéia

"Não sei o que as pessoas têm", diz Rogério, na maioria das vezes em que sai do chuveiro, "esse é um produto maravilhoso." Ele está se referindo ao gel para cabelo e corpo BOTH, do qual há trinta embalagens no armário do banheiro e algumas caixas no porão. Um dos fracassos mais caros na história, já rica em fracassos caros, do seu empregador.

Sua mulher, Mariana, massageia o rosto, com movimentos estudados, com o creme para uso diurno. Em vez de responder, como sempre, com um "não faço idéia", ela diz: "Talvez isso se deva ao nome".

"O nome é o conceito", explica Rogério. "BOTH tem o duplo sentido de *HAIR AND BODY* e *MAN AND WOMAN*."

"Então, isso se deve ao conceito", afirma Mariana.

Como o silêncio ofendido de Rogério no café da manhã lhe dá nos nervos, ela retoma o assunto: "Se a culpa não é do produto, ela deve ser do conceito ou do nome. Relancem o produto com outro nome."

Enquanto ainda está no corredor esperando pelo elevador, Rogério abana a cabeça.

"Talvez isso pareça tolice agora", ele diz mais tarde numa resenha de produto com Tito, seu chefe, "mas por que não tentamos relançar o BOTH com um novo nome e conceito?"

O modo como Tito olha para ele o leva a dizer: "Só para o cesto de papéis."

Numa informal *tour d'horizon* com seu superior, Carvalho, Tito diz cuidadosamente: "Às vezes penso que com outro nome ou outro conceito, relançar o BOTH não seja uma idéia tão despropositada assim. Quer dizer, depois de tudo que investimos no desenvolvimento do produto."

Carvalho deixa a idéia produzir efeito, então diz: "Relançamentos com outro nome sempre são problemáticos, mas se as condições limitantes forem poucas..."

Em um almoço estratégico com o chefe do setor executivo, Viriato, Carvalho explica, além dos assuntos tratados: "Há pouco, tive uma idéia sobre a qual talvez pudéssemos gastar algumas palavras: caso as condições limitantes sejam poucas, eu daria uma chance ao relançamento de BOTH com novo nome e conceito."

Na mesma noite, antes de adormecer, Viriato pergunta para sua mulher, Inês: "O que você acha da minha idéia de lançar o BOTH com outro nome?"

Inês deixa a revista afundar no edredom. "BOTH? Não é o gel de banho com cheiro de salão de beleza barato?"

No dia seguinte, Viriato encontra uma oportunidade de fazer uma observação casual para Carvalho: "Tire da cabeça esse seu disparate de relançar o BOTH."

"Eu também disse isso ao Tito, a idéia foi dele", Carvalho respondeu. Pouco tempo depois, ele diz para Tito: "No futuro, poupe-me de idéias como a de relançar o BOTH."

"Idéia do Rogério", Tito se defende.

"O que está acontecendo?", Mariana quer saber no jantar, "por que você não fala comigo?"

"VOCÊ ainda pergunta?", grita Rogério.

Uma vítima da arbitrariedade

Franco está sentado à escrivaninha, estudando as mãos postas à sua frente. A julgar pela aliança e pelo relógio de pulso, trata-se de suas próprias mãos. Mas, para ter absoluta certeza, ele precisaria fazer o esforço de movimentá-las.

Há meia hora, mais ou menos, Norberto o convocou ao seu escritório e lhe perguntou: "Você tem pensado no seu futuro ultimamente?" E, quando ele hesitou um pouco para responder, acrescentou: "É que eu tenho."

Isso poderia ter sido uma boa notícia, se Norberto tivesse feito outra cara. Havia uma vaga na direção regional, e Franco tinha imaginado boas chances para si. Ainda ontem ele tinha examinado outra vez com Laércio a lista inteira de candidatos, até só ter sobrado o seu próprio nome.

Mas Norberto fez a cara errada. Desde então, Franco está lá sentado, tentando se lembrar de quais são os comandos com que o cérebro movimenta as mãos.

Ele conheceu as pessoas que foram mandadas embora. Não aquelas que ele mesmo demitiu. Gente do seu nível. Gente que se considerava firme em suas posições. Todos se tornaram repentinamente estranhos para ele. Tão estranhos como essas duas mãos diante dele.

Não que ele os tivesse evitado. Tentara não deixar transparecer nada. Tinha lhes dado um tapinha no ombro e dito: "Se eu puder fazer alguma coisa por você..." Mas a base das coisas que tinham em comum havia se esgotado de um só golpe. Abrira-se um abismo entre os bem-sucedidos e os derrotados.

Ele se pergunta se demissões injustificadas também teriam provocado essa reação nele. Mas, por mais que se esforce, não consegue se lembrar de nenhuma demissão injustificada. Não de uma realmente injustificada. Houve alguns casos difíceis, isso sim. Mas, já numa segunda avaliação, todos eles se tornaram comprováveis. E, ao serem considerados mais de perto, quase compulsórios. A compaixão pelo demitido logo foi sobrepujada pela visão de quem demitiu.

Franco observa como a mão direita se fecha em punho, bate uma vez com força no tampo da mesa, então a pousa novamente aberta sobre a mesa, como um gato que quer ser afagado.

Ele, Franco, demitido. Não consegue se lembrar, em toda a sua carreira, de nenhum ato comparável de arbitrariedade. Objetivamente. Ele, Franco, é o único caso de uma demissão injustificada, também à segunda vista e à terceira, que já lhe chegou aos ouvidos. Suponhamos que ele não fosse Franco, mas, por exemplo, Raimundo ou Luís, e ouvisse que Franco tinha sido despedido, ele não acreditaria. Iria até Norberto e lhe perguntaria se tinha sido abandonado por todos os bons espíritos.

Esse pensamento lhe dá a força para movimentar as mãos de novo. Ele se levanta da cadeira e vai para o corredor.

Na cafeteira automática, João lhe dá um tapinha no ombro. “Se eu puder fazer alguma coisa por você...”

Castro e o problema das drogas

Primeiro, Castro pensou que fosse um resto de chocolate que caiu quando ele endireitou o espelho do guarda-roupa. Mas o que é que um resto de chocolate embrulhado em papel prateado está fazendo atrás do espelho do guarda-roupa?

O *chocolate* que Caio Castro tira do papel prateado não se enquadra, pela cor e consistência, em nenhuma marca que ele conheça. Ele o cheira e se convence de que deve se tratar de outra coisa. Mas de quê?

Ainda não são sete horas, Paula e Beto ainda dormem. Castro deixa o papel prateado deslizar no bolso e propõe-se a investigar o caso a fundo mais tarde.

No escritório, quando vai tirar o chaveiro do bolso da calça, aquela coisa indefinível lhe cai de novo nas mãos. Ele a desembrulha e a deixa sobre o papel prateado ao lado da moldura de couro com a foto de Paula, Beto e dele mesmo. Só quando, à tarde, durante a entrevista de qualificação, um jovem técnico administrativo olha de soslaio para o papel prateado, é que ele se lembra de novo dela.

"Você tem alguma idéia do que possa ser isso?", Castro procura se informar.

O técnico administrativo pega o pedaço e o cheira. "Líbano vermelho, se o senhor quer saber."

Castro cheira mais duas, três vezes, até que se verifica que, na opinião do técnico administrativo, trata-se de haxixe. Ele rebaixa a qualificação do homem. O conhecimento profissional dele é questionável.

Mesmo que Castro não seja um especialista em drogas, ingênuo ele não é. Como pai de um jovem de 16 anos, não pode fechar os olhos ao problema das drogas. Mas, mesmo assim, é um choque. Justamente Beto, que até hoje só o preocupou por ser um pouco certinho demais.

Não é apenas o corpo de delito que o preocupa, mas também como vai dizer isso a Paula. Ela não é dessas mulheres que encaram os fatos. Até hoje, a questão das drogas nunca teve importância alguma em suas discussões pedagógicas. Castro dera prioridade às informações de ordem sexual. E, tanto quanto pôde se ocupar disso, desincumbiu-se da tarefa de homem para homem, para satisfação de ambos os lados.

Mas, desta vez, ele tem de envolver Paula. Trata-se de uma pane geral na educação e, portanto, é território dela. Ela vai levar a coisa muito a sério e se acusar de ter fracassado. E, para ser honesto, ele não pode livrá-la completamente dessa acusação.

Castro espera até Beto se despedir e ir para a igreja, enche um copo de *Dôle* para Paula e outro para si e diz: "Paula, você tem de ser bem corajosa: eu encontrei drogas em casa. Nosso filho Beto consome haxixe."

Paula olha para o papel prateado que seu marido colocou sobre a mesinha da sala. "Beto?", ela sorri. "Beto não puxa fumo, Caio."

Castro abana ligeiramente a cabeça. "Mães, Paula, mães. Elas não conhecem seus filhos."

Agora, Paula também abana a cabeça. "Beto está limpo, Caio. Eu é que puxo fumo."

O segredo do Silva

O "Alazão" não fica nem a dez minutos a pé da sede do Global Bank. Oito mesas, mesa para clientela fixa, inclusive, uma cozinha que só para três já é apertada demais e uma ventilação à qual, a cada inspeção, se fazem objeções.

Pouco antes do meio-dia, o local enche até o último lugar, à uma e meia existem apenas alguns desocupados tomando seu café. A dona do local deixa uma corrente de ar passar por duas horas, para afugentar a mistura de fumaça e odores da cozinha.

A partir das cinco chegam os primeiros para a cerveja do *happy hour.* Operários, funcionários públicos, bancários; após as seis e meia, ainda chegam algumas vendedoras do supermercado vizinho; por volta das oito, o local começa a esvaziar. De vez em quando, alguns turistas aparecem no "Alazão"; às vezes, um cliente habitual come *à la carte* com sua mulher, quase sempre há em uma, duas mesas, um jogo de cartas. Raramente passa das dez quando a garçonete coloca as cadeiras sobre as mesas e passa pano úmido no chão.

O "Alazão" não é lá o típico local habitualmente freqüentado por um homem como Silva. Mas, apesar disso, quase não passa um dia útil em que ele não apareça. Sempre de terno e camisa branca e, a cada dia, com uma gravata-borboleta diferente. Os fregueses habituais presumem que ele possua de trinta a quarenta gravatas-borboleta. Lili, a garçonete, uma vez iniciou um registro, mas a certa altura perdeu a conta.

O número de gravatas-borboleta que ele possui não é o único dado pessoal sobre o qual se especula no "Alazão". Também sobre a profissão do Silva não se têm informações mais precisas. Somente que ele trabalha no Global Bank, e – tanto quanto ele deixou entrever por ocasião de um *fondue* – no andar mais alto. O que isso significa, está claro para todos, desde que, há anos, Lili foi se informar no Global Bank acerca do valor de sua moeda de ouro *goldvreneli*. Ela estudou a planta dos andares, e lá estava: 5º andar – Diretoria.

Tão rápido quanto a história se espalhou, tão pouca importância se deu a ela. Se um diretor de banco deseja freqüentar incógnito o "Alazão", o "Alazão" está de acordo. É possível que o Silva seja tratado de modo mais respeitoso pelos clientes habituais e mais atenciosamente por Lili. Mas ele não quer tratamento especial. Na maioria das vezes, pede o *menu* nº 1, toma duas cervejas ou um copo de *Beaujolais* e deixa uma pequena gorjeta.

O diretor Silva é alguém como você e eu. E essa simpática descrição fez dele o orgulho do "Alazão". Quando ocorre uma nova fusão de dois conglomerados, mostra-se mais quieto do que de costume na mesa da clientela fixa. Todos tratam o Silva com deferência, em quem se pode ver, nesses dias, quão diretamente envolvido ele está com a globalização.

Certo dia, quis o acaso que o técnico do aquecimento, um antigo cliente habitual do "Alazão", fosse enviado por sua firma ao Global Bank. No quinto andar há um aquecedor com vazamento.

Quando Gilberto sai do elevador, ele o vê. Está sentado a uma pequena escrivaninha com uma plaquinha, na qual está escrito: F. Silva – Recepção.

O martírio do Azevedo

Azevedo não dá muita importância a ocasiões como essa. De vez em quando ele sacrifica seu horário de lazer por elas, beneficia indiretamente a família, que já se ressente com a carreira dele. O mercado de trabalho em seu ramo não é muito claro. Quem não aparece de vez em quando, não é visto no momento decisivo.

A visibilidade no mercado de trabalho é um dos motivos pelos quais Azevedo está nesse local abafado, cotovelos colados ao corpo, um copo de vinho tinto e um minúsculo pãozinho com presunto nas mãos.

O outro motivo é a sua visibilidade pessoal. Alguém que, como ele, tem uns bons vinte anos de carreira pela frente precisa manter contatos. E o aperto em tais eventos é muitíssimo apropriado para isso. A gente pode se deixar impelir para junto de pessoas que, normalmente, ficam muito fora do nosso alcance. E ainda lucrar com as limitadas possibilidades de fuga delas.

Azevedo se serve toda vez que um garçom passa espremido com os canapés. Os canapés lhe permitem, na escolha dos seus interlocutores, que estes não se afastem, sem renunciar à lei da boa convivência. Com a mastigação pantomímica, ele pode indicar a qualquer momento que ele – por mais que queira – devido à boa educação, não pode falar agora.

Azevedo olha a multidão à sua volta e depara com o olhar de Nelson. Ambos mordem, assustados, seus canapés e acenam com a cabeça um para o outro, mastigando com vigor. Mas só que no bolinho de queijo do Azevedo se encontra um pedacinho do alumínio de um ralador de queijo de alto rendimento, que vai direto para o centro do amálgama de sua maior obturação de um dente molar. Quando ele morde, estremece de dor, como se tivesse mordido um cabo elétrico sem isolante. Somente as precárias condições de espaço o impedem de se estatelar no chão. Mas há lugar suficiente para um grito mal reprimido.

E, com isso, ele chama – justamente – a atenção de Vinícios.

Vinícios é, no que diz respeito à relevância da carreira para alguém como Azevedo, um verdadeiro peso pesado. Nunca Azevedo conseguiu lhe arrancar mais do que um aceno de cabeça indeciso, quando, em ocasiões semelhantes, quis se aproximar dele. E agora ele reage ao grito de Azevedo com um grito quase tão alto em resposta. E se dirige para ele.

Azevedo comete o erro de querer afastar o desmaio que se aproxima com um gole de vinho tinto morno. O líquido conduz os choques de sua obturação, em fração de segundo, para todas as outras obturações e, passando pelo véu palatino, para o cérebro e o nervo óptico. Através do véu de lágrimas, ele vê Vinícios se aproximar com a mão estendida. Azevedo tenta isolar a obturação elétrica com a ponta da língua. O lugar tem gosto de mercúrio. Um outro choque chicoteia através do seu sistema nervoso.

Agora Vinícios está diante dele. “Desculpe”, ele diz.

De qualquer modo, Azevedo consegue responder: “Ora, não foi culpa sua.”

Vinícios olha para Azevedo, perplexo. Então, passa por ele e aperta a mão de alguém cujo nome desaparece sob as palpitações da obturação de Azevedo.

Troca de golpes químico-biológica

Quando Nivaldo percebe a intenção de Anselmo, já é tarde demais. Já está sentado ao lado dele, na poltrona 5C, no Fokker lotado para Amsterdã. Anselmo está com a boca semi-aberta e os olhos semicerrados, como se fosse espirrar a qualquer momento. "Resfriado?", Nivaldo pergunta. Anselmo faz que sim, queixoso.

Às vésperas do grande dia de Nivaldo, Anselmo senta-se de fato do lado dele com um resfriado! Só pode ser de propósito. Quer impedir que Nivaldo faça sucesso perante Juliano. Ele terá de ficar em pé na frente de Juliano, que chega de viagem da central só para assistir a sua palestra, e não dizer nada.

"Devo ter pego uma corrente de ar em algum lugar", diz Anselmo, fanhoso. Qual! Corrente de ar! Hoje, qualquer criança sabe que "resfriados" são infecções transmitidas por vírus. Vírus transmitidos por tosse, espirro ou respiração em aviões com poltronas bem juntas umas das outras.

Nivaldo aceita um jornal e o abre de um jeito que o proteja, um pouco, de Anselmo. Agora que o avião terminou a decolagem, os ruídos do aparelho respiratório de Anselmo se tornam audíveis. A mucosa do seu nariz está em ação. Ele assoa novamente o nariz e soca o lenço de papel usado no bolso da calça, a menos de dez centímetros de Nivaldo. O plano é transparente: os vírus liberados diretamente pelas vias aéreas devem ser auxiliados por aqueles criados no hábitat ideal de lenços de bolso úmidos.

Nivaldo está convencido de que Anselmo não só se sentou do seu lado de propósito, como também pegou o "resfriado" de maneira deliberada.

Provavelmente, nos meios de transporte públicos e em eventos, procurou a proximidade de pessoas transmissoras de vírus que espirravam e tossiam e inalou, propositadamente, o ar expelido por eles.

Anselmo começa a tossir. Nivaldo percebe, imediatamente, que não se trata da tosse espontânea do "paciente de resfriado", mas de uma expulsão forçada de vírus altamente infecciosos. O homem não se dá por satisfeito em deixar Nivaldo fora de combate enquanto durar a palestra. Ele quer eliminá-lo completamente. Está procurando a complicação. A escalação da mucosa do nariz e da garganta para as cavidades acessórias, ouvidos e pela traquéia até os brônquios e o pulmão. O homem tem em mira infecções nas cavidades acessórias, no ouvido médio, na laringe e na traquéia e uma bronquite que culminará numa pneumonia fatal.

Por um momento, Nivaldo considera ocupar o lugar do homem gordo que foi ao *toilette*. Mas este volta antes que ele se decida. Assim, não lhe resta outra opção a não ser usar o lenço umedecido como meio combinado de proteção à respiração e de desinfecção. Ele agüenta, quase sem respirar, até Amsterdã e ainda se abastece na farmácia do aeroporto com artilharia pesada.

A medida se mostra um triunfo da moderna farmacologia: é verdade que enfraquecido pelos efeitos colaterais das armas químicas, mas ereto, Nivaldo começa sua palestra.

Juliano pede desculpas por sua ausência devido a um forte resfriado.

Como sobrevivo às mudanças?

Jean-Claude Iten está convencido de que a consulta de *Leaders* também teria chegado se ele não tivesse providenciado para que a seção de pessoal ampliasse seu plano de mídia para cargos de gerência com o caderno de empregos *Leaders*. Além disso, o que Iten tem a dizer sobre o tema mudanças é de interesse muito geral. Isso é sabido pelo menos desde a reunião do quadro de gerentes, em Bad Ragaz.

Naquela época, ele tinha causado certa sensação com sua palestra "Como sobrevivo às mudanças?". O tema tinha sido habilmente escolhido. Os boatos de fusão que circulavam há algumas semanas consumiam os nervos do quadro. A afirmação central de sua exposição foi de uma concludência tão surpreendente que, depois, na hora do coquetel, ele teve de se esforçar para não derramar seu vinho branco, tão fortes eram os tapinhas em seus ombros. Desde então é considerado, internamente, como "O" especialista em *change-management*. Que essa fama, mais cedo ou mais tarde, se espalharia, era evidente para Iten.

Reduzir o texto para 130 linhas não é problema. O mais importante é que a afirmação central seja incluída.

Em primeiro lugar, Iten redige a nota de rodapé do autor. É o texto de oito toques que se refere ao asterisco entre parênteses junto ao seu nome e que informa quem é Iten. "No máximo 320 toques", está escrito no fax do redator responsável. Não é muito para alguém com o passado de um Jean-Claude Iten (*). Ele trabalha metade do fim de semana no texto, elimina trechos, retoma-os, completa e formula, até atingir a essência de sua pessoa.

O resultado é visível. A cada leitura, o homem descrito lhe agrada mais. Mas, a cada vez, a discrepância entre a nota de rodapé do autor e a foto do autor ("se possível, horizontal") se torna mais e mais evidente. Será que esse senhor um pouco rígido, de expressão facial embaraçada, é o mesmo Jean-Claude Iten (*) cujas atividades e méritos estão resumidos nas afirmações impressionantes do rodapé?

Ele e sua mulher passam a noite de domingo olhando as fotos de família desde 1982. Pouco antes da meia-noite, ele decide, já na segunda-feira, encarregar o departamento de publicidade de encomendar um retrato.

Na quarta-feira, marca um horário com um fotógrafo, que consegue fasciná-lo com a foto de uma expressão de dinâmica sensível, que Iten não se cansa de olhar.

Pouco antes da data de entrega, ele finalmente se dedica a reduzir a palestra. Mas, por mais que se limite ao essencial, 150 linhas é o mínimo absoluto que ele consegue. Caso se trate realmente de reduzir mais ou menos vinte, ele terá de deixar a redução ao encargo dos profissionais.

O artigo é publicado sob o título "Como sobrevivo às mudanças?" e parece bom. É verdade que a resposta a uma pergunta angustiante de afirmação central foi reduzida para uma de vinte linhas. Iten se consola com a idéia de que poderia ter sido pior. Se ele considerar que o retrato e a nota de rodapé do autor também exigem vinte linhas.

A arrancada do Bernardo

Bernardo deve sua arrancada rumo ao sucesso a toda uma série de felizes acasos. Mas como até então, em sua carreira, ele nunca tinha sido especialmente mimado pela sorte, aceita suas repentinas bênçãos com certa presunção.

O primeiro feliz acaso é Perry C. Dimple. O homem é impulsionado pela central em Atlanta como uma espécie de guru empresarial, e o pessoal de Relações Públicas, na Suíça, organiza um evento com ele.

O segundo feliz acaso: a fim de dar à ocasião um verniz um pouco mais público, aluga-se uma sala num hotel para congressos, que oferece lugar para 120 pessoas.

O terceiro feliz acaso é a escolha do tema de Perry C. Dimple, "*The challenge of globalisation*", junto com o erro de avaliação do pessoal de Relações Públicas de que, com isso, poderia afastar toda essa gente de seus aperitivos numa terça à noite. Ao se encerrarem as inscrições – o pessoal de Relações Públicas se engana tanto em sua avaliação que até estipula um prazo de encerramento das inscrições –, só metade da sala foi reservada. Numa rápida ação telefônica, são convocados os camaradas, que originalmente não tinham sido convidados.

Bernardo, que mesmo como parte do cenário de emergência não traz inteiramente consigo os pressupostos hierárquicos, substitui Fabrício. Este feriu a retina do olho direito com um caco dos óculos de sol num acidente de *squash* – feliz acaso número quatro.

E, com isso, começa pra valer o momento de sorte do Bernardo: depois da palestra – o costumeiro palavreado treinado em cursos de oratória, com doze piadinhas estudadas –, Bernardo se vê de pé ao lado de Manfredo – de longe, o mais proeminente dentre os ouvintes externos. Logo a seguir, Alexandre, o chefe do setor executivo da firma de Bernardo, se dirige para Manfredo e o convida para sua mesa. Nisso, ele olha para Bernardo de uma maneira que não deixa qualquer dúvida de que o convite vale também para ele.

Sob os olhares indignados de seus quatro gerentes superiores, Bernardo senta-se com Alexandre, Manfredo e Perry C. Dimple à mesa de honra reservada. Ele não pára mais de se admirar. Alexandre, de quem até agora Bernardo nem sequer supunha que soubesse de sua existência, trata-o com uma cortesia nunca vista. Nenhuma pergunta que não fosse dirigida também a ele, nenhum tópico acerca do qual também a opinião de Bernardo não o tenha interessado.

Mas Manfredo também não deixa passar nenhuma oportunidade de incluí-lo na conversa e de saber seu ponto de vista. E Perry C. Dimple, então! *The big shot from Atlanta* está sempre enchendo o seu copo, chama-o pelo prenome e quer saber tudo sobre a sua família.

"Eu não ficaria surpreso se, em breve, eles me chamarem para Atlanta", Bernardo diz mais tarde para sua mulher, que passa o resto da noite acordada imaginando se as crianças suportarão a mudança de sistema de ensino e de idioma.

"O que esse Bernardo faz mesmo na sua empresa?", Manfredo informa-se com Alexandre, enquanto esperam pelos táxis em frente ao hotel.

"Minha empresa?", Alexandre se admira. "Eu pensei que ele fosse da sua empresa."

O problema do acompanhante

Nem todas as decisões de um executivo dizem respeito a perguntas como: devo ou não recomendar que se aceite a oferta de aquisição da Vodafone? Também existem perguntas de menor alcance que podem tirar o sono de uma personalidade da diretoria consciente de sua responsabilidade. No caso de Júlio, há semanas ela é do seguinte teor: jantar de Natal com ou sem acompanhante?

É a primeira vez que Júlio se ocupa pessoalmente dessa questão, pois ele ainda é uma jovem personalidade da diretoria: 32 anos e diretor de divisão há apenas quatro meses.

O problema é heterogêneo, uma vez que não pode, como todos os outros problemas administrativos, ser encarado e resolvido exclusivamente da perspectiva financeira. É verdade que o orçamento foi dado: no caso de Júlio, 1200 francos, cem francos por funcionário. Mas esse limite lhe deixa ampla margem de ação. De um jantar razoavelmente distinto para doze pessoas até uma agradável conversa em torno de um *fondue* para vinte e quatro.

Júlio se ocupou de modo intensivo demais com administração para não saber quão importante é o jantar de Natal como instrumento da diretoria. É a fusão da esfera dos negócios com a esfera privada. Na verdade, determinada pela esfera dos negócios. Júlio chegaria ao ponto de designá-lo como a aquisição amigável da esfera privada pela esfera dos negócios. Aí não se pode deixar nada ao acaso.

Nos meses anteriores, por vezes Júlio achou oportunidade de se encontrar com membros de sua divisão em terreno neutro e trocar idéias para além da esfera meramente dos negócios. Mas também na esfera privada o funcionário tende a dissimular. Para se conhecer o verdadeiro funcionário em esfera privada, é preciso o contexto familiar. Qual a aparência da moça pela qual Salgado faz hora extra toda noite? Será que Fábio também pragueja tão terrivelmente quando a mulher está por perto? Quem é esse, por quem a Sra. Bárbara freqüenta os vigilantes do peso? E o que há de tão especial no acompanhante da encantadora Lia Fabiana, que ela não se digna a olhar para ninguém da divisão?

O parceiro do funcionário é a chave para suas fraquezas. E nada é mais importante para a direção bem-sucedida de pessoas do que conhecer suas fraquezas.

Esse aspecto favorece a variante com acompanhante. E para que os acompanhantes finalmente tenham uma idéia do Júlio em pessoa, em cujas mãos está o destino de todos eles. Eles o conhecerão como pessoa calorosa e charmosa e não vão mais dar razão tão facilmente quando o parceiro falar mal de Júlio em casa.

E, por fim, a confrontação da sua própria esfera privada com a esfera dos negócios fala a favor da variante com acompanhante. Pela primeira vez, Elisa vai vê-lo na plenitude do seu poder. Ela vai encontrar o outro Júlio, o executivo, o líder admirado e temido, em seu elemento.

Portanto, Júlio encarrega sua secretária de verificar a variante conversa em torno de um *fondue* para vinte e quatro.

"Para vinte e três", ela corrige. "A Sra. Fabiana, no momento, está *solo*."

Agora Júlio está tendendo, novamente, para a variante jantar para doze.

João na magia do Natal

Três tardes por semana, João passa em seu escritório na sede. Esta se localiza, do ponto de vista da tecnologia do trânsito, em local um pouco desfavorável, entre duas ruas comerciais. Por isso, ele sempre desce do táxi e percorre os últimos duzentos metros a pé. Assim, normalmente, economiza quase dez minutos. Agora, durante o movimento de Natal, com certeza não economiza nem mesmo a metade. Apesar disso, ele insiste em seu hábito.

Essa tarde, a aglomeração lhe parece especialmente apertada. A torrente de transeuntes corre preguiçosamente pelas vitrines e se apinha nos pontos do bonde, junto a artistas de rua, às bancas de castanhas torradas e aos caldeirões de coleta do Exército da Salvação. É um dia frio e cinzento, perfeito para realçar a iluminação de Natal.

João se contenta em deixar-se levar pela multidão até a sede. Sempre que abre uma brecha, ele ultrapassa. Não por acreditar que com isso vá ganhar um tempo considerável. Também como motorista, ele ultrapassa por princípio. Em sua opinião, o mundo se divide entre aqueles que ultrapassam e aqueles que são ultrapassados. João é um que ultrapassa.

Em um semáforo para pedestres, a corrente de transeuntes pára. João aproveita a interrupção para se bandear cinco, seis posições para a frente. Graças a sua capacidade de antecipar o momento em que o semáforo vai ficar verde, ele compensa outros seis metros na faixa de pedestres. Estará no escritório na hora prevista.

Diante da entrada de uma loja de departamentos os transeuntes se amontoam de novo. A enorme porta giratória despeja para a calçada pessoas carregadas de pacotes, ar aquecido e trechos de uma canção de Natal. João empurra sua maletinha para a frente e se enreda dentro da multidão. Diante dele estão agora vinte metros da fachada sem janelas de um banco.

Ele os aproveita para ultrapassar pela direita. Dez metros adiante precisa desviar de um homem jovem. Está sentado na calçada, com a cabeça baixa, encostado ao edifício, e tem um pote de iogurte vazio diante de si, onde se apóia um pedaço de papelão em que está escrito "Obrigado".

João dá uma pequena ginga à volta do pote. Cinqüenta metros adiante já se pode ver a sede.

Então, acontece. A mão de João agarra o bolso da calça e tateia através dos trocados soltos. Ele sente algumas moedas de dois francos e uma... não, duas de cinco francos. Um reflexo. Não pensou em nada. Só viu o homem jovem e o pote, leu "Obrigado" e agarrou o bolso. Se tivesse ido um pouco mais devagar ou visto o homem um piscar de olhos mais cedo, ele teria jogado os dois francos no pote. Ou talvez até mesmo os cinco francos.

Com extrema satisfação, João pode constatar: ele não é imune à magia do Natal.

À noite, no chalé Nevada

"O que você está fazendo?"

"Afrouxando o cobertor. Me dá claustrofobia."

"Não dá pra fazer menos barulho? Senão, vão pensar sabe-se lá o quê."

"E daí? Nós somos casados."

(Nhec, nhec, nhec.)

"Acabe logo com isso!"

"O que eu posso fazer se a cama range?"

(Silêncio.)

"Como fede aqui."

"Chiu! Através dessas paredes dá para escutar cada palavra."

"Você não sente cheiro de nada?"

"Gosto do cheiro. É zimbro."

"Está fedendo como no depósito de esquis."

"Chiu!"

"Você viu? Eles têm capas para o rolo reserva de papel higiênico."

"Não prestei atenção."

"Não é preciso prestar uma atenção especial. São cor-de-rosa e têm orelhas de coelho."

"Com certeza, é presente de um tio."

"Provavelmente como o macacão de esquiar. Não existe nada mais repugnante do que velhos gordos vestindo macacões de esquiar brancos e apertados."

"Chiu!"

"Ah, vai! Ele não dorme com os óculos com aparelho auditivo."

"Evandro ainda ouve bem. São óculos normais de aro de tartaruga."

"Mas parecem óculos com aparelho auditivo."

(Nhec, nhec, nhec.)

"O que foi agora?"

"Esta roupa de cama da Idade Média está me quebrando os dedos dos pés."

"Mas agora entra ar frio."

"Em St. Vincent está fazendo 25 graus."

"Será que eu vou ter de ouvir isso as férias inteiras?"

"Não. O ano inteiro."

"Pela última vez: é o *breakthrough*. Nunca ninguém da *GL* passou as festas de fim de ano no chalé do Evandro."

"Não admira!"

"Não é tão ruim assim."

"Isso porque você não tem de fazer esses biscoitos *bruntzli* com a mulher dele."

"*Brunsli*."

"Eu não sou casada com um alto executivo para ter de fazer *bruntzli* nos últimos dias do milênio num chalé fedorento no fim do mundo."

"Chiu!"

"Quando criança, eu já odiava *bruntzli*."

"Por favor, Regina!"

(Nhec, nhec, nhec.)

"E agora, o que foi?"

"Está me dando coceira. O cobertor de lã está roçando na minha pele. Será que eles nunca ouviram falar do modo escandinavo de dormir?"

"Evandro adora tudo o que é autêntico."

"Como capas cor-de-rosa com orelhas de coelho para o rolo de papel higiênico."

"Agora dorme!"

"Não consigo dormir às onze. Tenho 34 anos."

(Silêncio.)

"Se isso não lhe render um salto na carreira, vou me divorciar."

"Se isso não me render um salto na carreira vai ser só porque, no quarto ao lado, se escuta cada palavra."

"Você é paranóico."

(Silêncio.)

(Nhec, nhec, nhec.)

"O que é agora?"

"Esse não fui eu."

O ser humano no centro

Quem é que disse: a tendência hoje é voltar-se para o ser humano?

Eles também já perceberam. Mas demorou. Depois de anos de maximização de lucros, redução de custos, sinergia, reestruturação, validação de acionista, liberalização... de repente, eles topam com o ser humano como valor prioritário da empresa.

Moacir está sentado no *lobby* do "Majestic", pondo em dia a literatura empresarial especializada. De vez em quando, ele precisa disso ou será ignorado.

É verdade que, na maioria dos lançamentos, basta que se leiam as minutas para ser ouvido. Mas sempre causa boa impressão jogar um trunfo, como uma citação que não se encontra nos breves resumos. Por isso, uma vez por mês, ele se abastece de uma seleção atualizada e some por alguns dias. Nada de telefonemas.

Desta vez, ele se decidiu pelo "Majestic". Nada exageradamente *business*. Disso ele tem o suficiente em viagens de negócios. Empregados muito bem preparados. Discretos e, apesar disso, atenciosos. Suítes agradáveis. Nada de ostentação, dormitórios, salas, quartos de vestir, banheiros. Mas os detalhes estão de acordo. Isso é importante numa clausura. Senão, lá se vai a concentração. Mas a lareira não pode ser falsa. Se ele experimenta trabalhar diante da lareira como algo que favorece a eficiência, então é preciso uma lareira que funcione e alguém que possa atiçar o fogo. Só como exemplo.

O fato de ele estar agora trabalhado no *lobby* não tem nada a ver com a qualidade da suíte. Tem a ver, que coincidência, exatamente com o tema do livro que ele está destacando, no momento, com um marca-texto verde fosforescente: o ser humano.

O ser humano não como recurso humano, não como fator de custos, não como potencial para reduzir gastos. O ser humano como ser humano. Como ele entra no *lobby*, de pernas longas e canelas esbeltas, empreendedor ou entediado; o ser humano passando de salto alto pela poltrona de Moacir a passos curtos ou vagarosamente, ou gingando, e sobe os três degraus para o bar e – talvez – o olha demoradamente antes de a porta se abrir, deslizando; e o ser humano desaparece no bar.

Agora, finalmente, depois de anos de desumana orientação para o lucro, começa a aprendizagem empresarial para descobrir o ser humano como finalidade da empresa. O aumento do bem-estar psíquico e físico torna-se, finalmente, a medida do sucesso econômico. E a criação de valor material e financeiro finalmente é considerada nada mais do que seu subproduto totalmente natural.

Ele sempre disse isso. Mas não acreditam nele. Espera-se dele que esteja vinte e quatro horas por dia à disposição. É utilizado como desumano servidor de uma corja de acionários ávidos por dinheiro.

Moacir olha a sua volta no *lobby*. Um constante ir-e-vir de gente bonita e despreocupada, que goza de excelente bem-estar psíquico e físico. E, no meio dela, Moacir, pobre coitado, estudando a literatura especializada.

Ele vai para o bar, espontaneamente, pede um uísque e resolve tirar a tarde de folga. Entre seres humanos.

O rei Alfredo

Alfredo não é autoritário por natureza. Ele encara a autoridade como mero instrumento de direção. Considera natural exercer autoridade e, da sua parte, também aceitá-la.

Seu grande modelo nessa questão é Silvério, seu chefe supremo. Com ele, aprendeu a usar as insígnias do poder com dignidade e instituí-las com rigor. "O subalterno", confiou este recentemente, bebendo um *single malt* num bar de hotel em Manchester, "é como uma criança. Precisa de alguém em quem se espelhar. E faz parte do nosso trabalho desempenhar esse papel".

O que mais impressionou Alfredo nessa conversa foi o fato de Silvério, por um breve momento, tê-lo colocado no mesmo patamar que ele. Como se não morasse numa suíte no segundo andar e Alfredo morasse num único cômodo sob o telhado. Desde então, ele sabe que faz parte da convivência virtuosa com a autoridade, por vezes, revogá-la.

Ele mesmo, até agora, nunca teve a oportunidade de exercê-la na divisão. Por isso, vem a propósito o bolo do dia de reis que a senhora Wilma, apesar da sua dieta de Ano-Novo, trouxe hoje. O bolo está sobre a mesinha ao lado da cafeteira quando ele entra no escritório. Tem uma coroa de papelão um tanto convencional e aguarda a distribuição pelo diretor da divisão, Alfredo.

Este vem de uma família de três filhos e tem o olhar treinado para bolos do dia de reis. Ele vê imediatamente uma pequena saliência onde o padeiro enfiou negligentemente o rei na massa. Mas somente ao examinar a correspondência reconhece a oportunidade que esse conhecimento prévio lhe proporciona. Graças a ele, poderia pôr sua autoridade em jogo sem correr risco.

"Me informe quando o bolo estiver cortado", ele diz para a senhora Wilma quando ela lhe traz o café. "Proponho que seja às nove."

Às nove e cinco, ele se junta aos funcionários que estão esperando perto do bolo sem terem tocado nele. A saliência ainda pode ser vista. "Mas, como convém", diz Alfredo "quem tem o rei, reina por um dia. Não importa quem."

Animado pelos risos reprimidos que a observação provoca, ele acrescenta: "Uma vez, minha irmã foi, por um dia inteiro, meu banquinho de pôr os pés. E o meu irmão foi meu abajur."

Com um aceno de cabeça, ele dá permissão à senhora Wilma de lhe oferecer o primeiro pedaço, como exige o protocolo da divisão. Mas, então, algo inesperado ocorre.

Ela pega uma faca e – para que o bolo dê para todos – começa a dividir de novo cada pedaço. Só depois de terminar é que ela estende o prato para Alfredo. O pedaço dele fica bem no lugar onde antes estava a saliência.

Por muito tempo, ele fica estudando os pontos de corte e os perfis das concentrações de massa, das amêndoas e das passas. Só quando tem certeza absoluta é que ele se decide por uma metade.

Logo depois, Silvério conduz uma delegação de acionistas pela empresa. Ele prescinde de apresentá-los ao homem agachado aos pés da mulher um tanto gorda com a coroa de papelão.

Lourenço pensa o impensável

Um belo dia para janeiro. Quente o suficiente para um lugar numa mesa ao abrigo do vento, frio o suficiente para uma sopa de cevada. Lourenço está esperando por Dora. Chegou cedo demais, porque teria chegado tarde demais se tivesse descido mais uma vez de esqui. Ele já fez o pedido de uma sopa de cevada para a moça com blusa de vaqueira dos Alpes, no Veltliner. Aqui não gostam de ver os clientes apenas bebendo na hora do almoço.

Lourenço toma sua sopa e observa os clientes através dos óculos de sol espelhados. Na mesa ao lado, está sentado um homem de costas para ele, sozinho numa mesa para quatro. Colocou uma luva no lugar ao seu lado, as outras duas cadeiras estão ocupadas com a segunda luva e um lenço de pescoço. Faz quinze minutos que está estudando o cardápio, passando seu gordo indicador ao longo das linhas. Com certeza, está mexendo os lábios, Lourenço pensa.

De repente, o homem põe o cardápio de lado e começa a tamborilar de modo repreensivo sobre a mesa. Tem cada idiota por aí, Lourenço pensa e toma sua sopa.

Não se passa nem um minuto até que a moça com a blusa de vaqueira dos Alpes pergunte ao tamborileiro se ele deseja fazer o pedido. Sua voz domina o fundo de vozes, risadas e o ruído das pisadas das botas de esqui nas tábuas de madeira do terraço ao ar livre: "*Chile con carne*, isso é feito com carne?"

Meu Deus, Lourenço pensa, e ainda por cima imbecil. Não consegue reprimir uma breve gargalhada. O homem lança um olhar indignado por sobre o ombro. Por um instante, Lourenço vê o seu rosto. É Márcio.

Márcio, um dos *topshots* do empresariado nacional! E Lourenço o tachou de idiota (e, ainda por cima, imbecil)! Ficou pasmo. Márcio! Um dos mais indiscutíveis em sua visão de mundo é um idiota (e, ainda por cima, imbecil). O homem que, em breve, fará quinze anos à frente da SFDG.

Lourenço toma uma colher de sopa e percebe que a sua mão está tremendo. O abalo posterior à explosão que a fusão das duas incompatibilidades, Márcio e idiotice, desencadeou. Como é que alguém poderia dirigir uma empresa cujas ações, há anos, são reconhecidas *blue chips* e, ao mesmo tempo, ser um idiota (e, ainda por cima, imbecil)?

Lourenço olha de esguelha para Márcio, que está novamente tamborilando sobre o tampo da mesa. E, no entanto: ele leu o cardápio com dificuldade e com a ajuda do dedo. E perguntou: "*Chile com carne*, isso é feito com carne?" É possível ser um idiota (e, ainda por cima, imbecil) e, apesar disso, um empresário bem-sucedido? E o que dizer dele mesmo, que é, se bem que não nesse nível...?

Lourenço fica feliz quando Dora chega, e ele não tem de completar a idéia. Não menciona Márcio. Só quando este vai embora e fica claro que não estava esperando ninguém, mas queria a mesa só para si, é que Dora diz: "Tem cada idiota por aí!"

A arte de representar Miguel

Quem quiser se preparar com seriedade para o papel de Miguel, precisa levantar cedo. A técnica, sozinha, não é suficiente. Alguém que está de pé desde as seis, simplesmente anda de modo diferente de alguém que imagina que está de pé desde as seis. O resultado, então, é bem diferente. Representar Miguel significa, realmente, silenciar o despertador com um estalo do polegar antes mesmo que ele possa dizer "biip", vestir as pernas das calças deitado de pernas dobradas, dar um giro de 90º para a esquerda e, num único movimento, baixar os pés até o chão – sem o auxílio dos cotovelos – e, aproveitando o embalo, levar o restante do corpo para a vertical.

Alguém que queira imitar o Miguel precisa ser catapultado para o dia seis vezes por semana, a saber, às seis.

Ao se barbear, sobra, então, um pouco de tempo para a técnica. O entediado, o enojado, o cético, o que impõe respeito, o superior e o sedutor Miguel também deveria ser estudado com espuma no rosto. E o musculoso, sem barriga, também vestindo roupão de banho.

No banho, o procedimento é o mesmo que ao se levantar: não basta supor que está frio por sessenta segundos. Quem quiser medir a estatura de Miguel, precisa diminuir, fisicamente, a temperatura do chuveiro de 38 para 15 e vivenciá-lo perdendo o fôlego e sentindo as cortantes gotinhas frias picando a pele, até ela parecer um morango meio maduro.

Com a arte de representar ocorre o mesmo que com qualquer forma de arte: o processo criador determina o resultado. A toalha absorve a umidade do cabelo em vez de ele ser esfregado, para que nenhum fio fique na toalha. É penteado sem esforço e pacientemente seco à temperatura média, até atingir exatamente o leve volume que, com toda a certeza, terá diminuído quando Miguel chegar ao escritório.

Tão importante quanto a máscara é o vestuário. Quem quiser representar Miguel de modo convincente, precisa cuidar dos detalhes. A camisa social tem de ser exatamente esse meio número justa demais, deixando saltar a pequena protuberância sobre o colarinho. A calça precisa esticar um pouco no traseiro e ser justa o suficiente no cós para dar oportunidade ao excesso de barriga de cobrir dois terços da fivela do cinto. Quem quiser personificar Miguel, precisa sentir seu estado interior expresso por sua gravata. Hoje, ele está sensível (batique), agressivo (tons vermelhos), humorístico (de bolinhas) ou sério (listrada)?

O trajeto para o escritório também não é uma viagem de recreio. Serve aos últimos preparativos. Em espírito, o ator repassa mais uma vez as cenas-chave do dia iminente. Entrada em cena na recepção, abertura da reunião sobre orçamento, repreensão em público de Felipe, ditado improvisado do conceito de Roterdã.

Não é um papel fácil de desempenhar, Miguel. Mas existe um que sempre lhe empresta nova profundidade e lança sobre ele outros efeitos luminosos. Sempre inimitável como Miguel: Miguel.

Ernesto na base

Ernesto simplesmente precisa disso de vez em quando: entrar no seu Audi A6 e ir a uma de suas fábricas. Cedo, para estar lá no início do turno. De preferência, numa manhã cinzenta e fria, quando os sujos monturos de neve reluzem ao *neon* verde-azulado das janelas da fábrica, e os trabalhadores, com as mãos nos bolsos e os ombros erguidos, dirigem-se rapidamente para as entradas. Então, Ernesto sente que todos eles nada mais são do que rodinhas numa engrenagem, mesmo que, de modo diferenciado, facilmente substituíveis.

A rodinha Ernesto começa, então, o dia no escritório do diretor da fábrica, com um café expresso e dois brioches fresquinhos – de algum modo, parece que se espalhou pelas empresas que ele gosta de comer brioches fresquinhos com café expresso e não diante do armário com um gole da garrafa térmica. Mas Ernesto não precisa se trocar para sua atividade. Ele já está vestido adequadamente.

Há empresários que se vestem esportivamente para os seus passeios pela fábrica. Pulôver e camisa de flanela, gravata de tricô, jaqueta de *tweed*, calça de veludo canelado. Ernesto não. Ele não granjeia simpatia. Pelo contrário: nesses dias, veste-se com mais esmero ainda do que de costume. Camisa branca em vez de azul-clara, ternos claros, nos quais se possa detectar a mínima mancha, gravatas de seda em tons pastel, sapatos de camurça. Quanto maior a discrepância em relação aos macacões enegrecidos dos colegas de produção, mais impressionante é sua entrada em cena. Quanto mais ele parecer alguém que lamenta aparecer ali, mais duradouro é o efeito.

Ele aprecia pequenas formações para os passeios: o diretor da fábrica como interlocutor e dois ou três funcionários graduados para abrir as portas e como acompanhantes. Ele assume pessoalmente a direção do passeio. É ele quem determina a rota, quem decide onde passar ao largo e onde conversar um minuto com os funcionários da fábrica sobre assuntos de trabalho.

Pelo menos tão impressionante quanto o fato de que Ernesto não lamenta aparecer em pessoa também na frente da produção é sua competência técnica. Antes de fazer carreira como empresário, ele foi engenheiro mecânico.

Ele pode se dirigir a um torneiro e dizer: "Ahá, no torno". Ou obrigar um soldador a tirar o capacete de proteção e impressioná-lo com a observação: "Ahá, na mesa de aspirar".

O pessoal aprecia isso. Alguém lá de cima que se interessa por seu trabalho e sabe do que está falando. Ernesto percebe isso também quando, num dia de janeiro, com lama e umidade congelada, fica parado com o pneu furado após uma visita de surpresa à fábrica IV. O pequeno trecho de floresta se encontra fora da área de recepção do seu celular, e nenhum motorista que passa se dispõe a ajudar o homem de terno de flanela bege a trocar o pneu.

Mas, aí, a solidariedade entre funcionários de um conglomerado dá resultado. Um soldador elétrico da fábrica IV pára seu Renault ao lado do Audi de Ernesto, desce o vidro e diz: "Ahá, usando o macaco".

E segue em frente.

A palestra do José Nestor

Os participantes do fórum retomaram seus lugares. A luz na sala de conferências é diminuída, os holofotes da equipe de televisão da casa estão dirigidos para o púlpito. Como um fogo das estepes em câmera acelerada, o silêncio se propala através das fileiras de espectadores.

José entra em cena. Coloca o manuscrito na superfície inclinada do púlpito, endireita o microfone, põe os óculos de leitura e lança um longo olhar ao público por sobre a borda dos óculos. Pela objetiva da câmera, ele fica parado por um momento para os funcionários inferiores, que na sala do Benedito podem acompanhar a transmissão direta. Ele inspira profundamente e diz – depois de passados três segundos em que nenhum alfinete caiu no chão: "Senhoras e senhores, caros colegas – o mundo é uma aldeia".

Na sala do Benedito, faz-se mais barulho ainda quando José aparece na tela. No ponto em que este encara a câmera por sobre a borda dos óculos, Beto diz para que o ouçam: "José acha de novo que está no Fórum Econômico Mundial". Com isso, ganha alguns sorrisos de simpatia. A seguir, os funcionários retomam suas conversas com os vizinhos de poltrona.

Na sala de conferências, o público é forçado a ser mais disciplinado. José fica inspirado e começa a se soltar de seu manuscrito. Ele é um treinado orador livre, e a globalização é o seu tema. Depois de poucos minutos, ele deixa pela primeira vez o púlpito e expõe livremente, os óculos na mão direita, a mão esquerda no bolso da calça. Essa primeira quebra é apenas breve, mas sua secretária, a atenciosa senhora Jordão, vê imediatamente que alguma coisa não está certa com seu vestuário. A saber, na região da braguilha. Pareceu-lhe ver algo brilhando, apesar do paletó abotoado.

Ela busca o olhar do José e, toda vez que acha ter chamado a atenção dele para si, aponta discretamente para o ponto crítico. O orador não nota o gesto e agora, ofuscado pelos holofotes e absorvido por sua palestra, desabotoa o paletó. A Júlio, porém, vizinho de poltrona da senhora Jordão, o gesto não passa despercebido. Ele cutuca Bernardo, que agora também assiste, perplexo, como a elegante senhora de seus cinqüenta e tantos anos aponta de modo cada vez menos inequívoco para sua região pudenda.

José dobra os óculos e os coloca no bolso do peito. Então, vai para trás do púlpito, abre o paletó e enfia os pulsos no fundo dos bolsos da calça.

A braguilha não só está aberta, mas uma ponta da camisa ainda aparece. Se, pelo menos, pensa a senhora Jordão, ele não tivesse se decidido pela camisa salmão!

Enquanto a sala de conferências, fascinada, imediatamente crava os olhos no meio do orador de pernas largas, José, é preciso um *zoom* do *cameraman* bem-intencionado até que a sala do Benedito reaja. Em compensação, ela o faz de modo muito mais espontâneo e agradecido.

O velho *mâitre* Joaquim jura que, desde as transmissões de Sapporo, em 1972, nunca mais houve na sala do Benedito um clima tão animado.

A carreira dos sonhos do Aurélio

Segundo o seu perfil, Aurélio é, na verdade, um homem da indústria. Apesar de, naquela época, depois de quase dois anos na Faculdade de Engenharia, ele ter mudado para a Faculdade de St. Gallen. Mas de lá, no que diz respeito à parte técnica, ele nunca gostou de verdade. Em compensação, a parte social o satisfazia. Menos obstinação entre os colegas. Eles também podiam abrir mão de uma preleção se a noite anterior tinha acabado tarde. E direcionavam os seus objetivos não tanto para a técnica e mais para a carreira.

Que a sua experiência na indústria, apesar disso, tenha permanecido como a mais pronunciada deve-se ao fato de ele ter ousado o salto para a prática antes de ter concluído, na verdade, a parte teórica. Por motivos que não fazem parte do currículo.

Ele reuniu suas primeiras experiências empresariais no setor de veículos ferroviários, onde, ocupando posição de responsabilidade no âmbito da assistência, ajudou a cunhar a administração de vendas por vários meses. Uma análise mais exata do potencial de transporte, entretanto, demonstrou certas disparidades com seu plano de carreira. Isso e seu recém-descoberto talento para vendas fizeram-no ceder às insistências de uma empresa do setor de papéis especiais e mudar para a área de administração de vendas. Sua extraordinária competência lhe permitiu, antes mesmo de expirar o estágio, mudar para a responsabilidade de áreas de uma notável empresa do setor de matéria-prima de madeira. Uma tarefa para a qual, graças ao seu amor pela natureza, ele parecia ter sido talhado. Ele também estaria disposto a se engajar lá, a médio prazo, se uma constelação desfavorável não o tivesse levado a mudar para a consultoria de vendas no setor do mercado de construção e de *hobbies*. Uma tarefa que, afinal, também correspondia ao seu talento criativo.

Mas não deveria ser a última vez que Aurélio seria levado pra lá e pra cá entre os pólos da consultoria e da administração. Ele percebeu rapidamente que a consultoria – como ele a entendia – mais cedo ou mais tarde o levaria para gestão de contas-chave. Ele acelerou essa evolução ao se deixar comprometer por uma empresa média do setor de construção. Um desafio que ele encarou com sucesso por quase um ano.

Foi também a alternância entre vendas, assessoria e administração que, finalmente, abriu seus olhos para sua verdadeira vocação: o marketing. Mais uma vez, ele voltou para suas raízes na indústria e pôs sua experiência e seu *know-how* à disposição do diretor de marketing de um produtor de máquinas-ferramenta.

De lá, ele logo ousou, para um suporte mais amplo de sua qualificação, a mudança de ramo e seguiu o chamado para o marketing de uma cadeia de comércio varejista (sortimento seco). Só para, pouco depois, ser descoberto como gerente de produção de um grande produtor de artigos de marca. Menos de um ano depois, ele ascendeu a gerente-adjunto de marca e ficou nessa função até arriscar o passo para a independência.

Desde então, há seis anos Aurélio goza de excelente reputação como consultor empresarial.

Ramiro incógnito

Isso é que é bonito em uma velha democracia, Ramiro sempre diz: quando o príncipe Charles quer entrar no teleférico, tem de ir para o fim da fila, como todo mundo.

Isso também vale para Ramiro. Então, ninguém se importa se aquele senhor de macacão de esqui preto-azulado é um dos protagonistas do cenário econômico ou apenas um simples procurador que só está querendo farejar o ar com o qual o *jet set* internacional enche os pulmões.

Ramiro não só se conforma com esse tratamento igualitário, como desfruta dele a plenos pulmões. Como um soberano oriental, que, disfarçado, anda furtivamente pelo *souk* para ouvir o que o povinho diz sobre o seu reinado. Mesmo que o reinado de Ramiro na Unial não impressione o povinho tão diretamente pelo fato de este último subestimar os efeitos dela sobre o seu bem-estar, aqui, em meio ao público de uma estância climática de luxo, mais cônscio da economia nacional, ele se camufla, por precaução, com boné e óculos de sol.

Ramiro agora atingiu a segunda curva em U da fila do teleférico e aguarda pacientemente até que a jovem com a mochilinha prateada do tamanho de um punho possa soltar o esqui dele. Se ela soubesse de quem é a superfície lustrosa do novo esqui que ela está arranhando, ele pensa, e já vai dando um leve sorriso com o qual quer antecipar-se às desculpas dela. Ele percebe, tarde demais, que, pelo visto, um jovem com um *snowboard* compreendeu mal o sorriso como convite para ultrapassá-lo por dentro.

Ora, Ramiro está de férias, não tem nenhum encontro marcado na parada final do teleférico. Ele quer dar a entender isso, com um movimento dos ombros, a uma mulher realmente atraente que a aglomeração de pessoas na curva lançou para o lado dele. Apesar de tentar se explicar, ele não consegue esclarecer o mal-entendido de que quer marcar um encontro com ela na parada final do teleférico. Ela fica para trás, e Ramiro se concentra em não ser ultrapassado completamente pelo jovem com o *snowboard*.

Por um momento, ele é tentado a tirar por um momento os óculos de sol e o boné e mostrar à jovem com quem foi que ela perdeu uma viagem de cabine teleférica. Mas, então, o risco de ser motivo de tagarelice de todos os lados é grande demais para ele.

Na última curva, ele consegue compensar com uma volta por dentro um pouco insolente o atraso em relação ao jovem com o *snowboard*. Ele examina o rapazinho através dos óculos espelhados. Parece um filho de círculos administrativos de cujas conversas à mesa Ramiro faz parte. Mas ele poupa o malcriado do choque de ser desmascarado. Quando chegam à entrada, ele deixa o estribo para o outro com um sorriso condescendente.

"Ei, você! Anda logo!", o homem da cabine teleférica grita para ele. No último momento, Ramiro se pendura ao lado do rapaz com o *snowboard*, luta para manter o equilíbrio e o perde depois de cinco minutos. Só depois de vinte é que ele se solta.

Agora, sem boné, esqui e óculos de sol, é que alguns dos passageiros da cabine teleférica, passando, o reconhecem. Ramiro procura suas coisas junto à cabine, como qualquer outro. Isso é que é bonito em uma antiga democracia.

Um telefonema importante (I)

Diego está nervoso. Ontem, eventualmente também hoje, mas então, o mais tardar antes do meio-dia, Tiago queria passar a informação. Agora são quase três e meia e ainda nada de telefonema. Não é um bom sinal. Diego conhece isso por experiência própria: primeiro, as confirmações; as recusas podem esperar. É melhor ele ir se conformando com isso.

Ele se levanta e vai até a janela. A única coisa que poderia clarear um pouco esse dia de chuva prolongada seria uma confirmação de Tiago. Elias Torrão teria tido vantagem na lista de clientes. E, mais ainda, na conta anual. Quando ele pensa que a encomenda agora vai para o Guga...

Diego se liberta da visão do estacionamento da firma, molhado pela chuva, e senta-se a sua escrivaninha. E o cara nem é homem o suficiente para telefonar e dizer: "*Sorry*, mas assim é a livre concorrência, talvez da próxima vez". Provavelmente, quer recusar por escrito. Mas Diego não pensa em poupar Tiago dessa conversa. Ele abre o dossiê Tiago e disca o número.

"Elias Torrão..."

"Diego, boa noite, eu..."

"... agradecemos o seu telefonema. Infelizmente, no momento, todos os nossos atendentes estão ocupados com outros clientes. Por favor, aguarde ao telefone, o senhor será atendido o mais depressa possível."

Simon e Garfunkel cantam *Like a bridge over troubled water*.

Diego folheia o dossiê Elias. Impecável. Uma das ofertas mais sólidas que já saíram desta casa. Ele está curioso para ver como Tiago vai justificar sua recusa.

"Obrigado por ter esperado..."

"De nada, não tem problema, eu..."

"... infelizmente, continua ocupado. Sua chamada é muito importante para nós. Por favor, aguarde ao telefone, o senhor será atendido o mais depressa possível ... *over troubled water, I will lay me down...*"

Talvez nada tenha sido decidido ainda, pensa Diego. Talvez Tiago tenha demorado muito para ler o brilhante dossiê de Guga. Ele se pega cantarolando junto. "*Sail on silver girl, sail on by...*"

"Sua chamada é muito importante para nós, por favor, aguarde só mais um momento..."

"Se o meu telefonema é tão importante para vocês", Diego resmunga, "por que, então, vocês não atendem?". Ele liga o alto-falante e põe o fone ao alcance da mão sobre a escrivaninha.

A senhora Gisela, atraída por Simon e Garfunkel, estica a cabeça para dentro, cheia de esperança. "Boas notícias?"

No mesmo instante, uma voz se apresenta: "Elias Torrão".

Diego precisa de um momento até perceber que a voz é ao vivo. Ele muda para "Fone".

"Elias Torrão, alô-ô." A voz soa um pouco irritada.

"Diego, boa noite. Eu gostaria de falar com o senhor Tiago."

"Um momen... *I'm sailing right behind, like a bridge over troubled water...*"

Um telefonema importante (II)

Quanto mais Diego persevera na fila de espera musical, mais ele tem certeza de que pode se livrar da encomenda de Elias. Há pouco, uma voz ao vivo disse "Um momen...", agora é novamente a vez de Simon e Garfunkel.

"*Like a bridge over troubled water, I will lay me down* ... seu interlocutor ainda está sendo procurado, por favor, aguarde ao telefone, sua chamada é muito importante para nós... *when you're weary, feelin' small, when tears are in your eyes, I'll dry them all, I'm on your side...*"

Diego liga o alto-falante, põe o fone no púlpito e começa a procurar por inexatidões no protocolo da reunião do quadro de Campos. Normalmente, essa é uma atividade que não exige total concentração, os protocolos de Campos consistem de inexatidões. Mas agora, em que a cada minuto ele tem de contar com que será posto em contato com Tiago, não encontra uma única. Ele sempre olha de soslaio para o telefone e fixa o ponto da tecla de transferência.

"Sua chamada é muito importante para nós, por favor, aguarde ao telefone... *When evening falls so hard I will comfort you...*"

Será que Tiago vai dizer: "A decisão foi muito apertada, senão eu já teria me apresentado"? Ou: "Se tivesse dependido apenas de mim, senhor Diego, pode acreditar..."

"Elias Torrão?"

A mão de Diego deixa a esferográfica cair, se lança para a tecla de transferência e quase erra. Zumbido. "Alô", ele diz em tom de repreensão. Ele aperta outra tecla. Outro zumbido. "Alô!" Ele bate o fone no aparelho e profere uma maldição, que faz a senhora Gisela, que tinha esticado a cabeça para dentro, se horrorizar. Então, ele tecla em "rediscar".

"Elias Torrão..."

"Diego, boa noite, eu..."

"...agradecemos o seu telefonema. Infelizmente, no momento, todos os nossos atendentes estão ocupados com outros clientes. Por favor, aguarde ao telefone, o senhor será atendido o mais depressa possível... *Like a bridge over troubled water.*"

Diego quase desligou. Mas ele se contém. Afinal, não é o único que aguarda ansioso a decisão. Lá fora, estão pessoas que investiram horas extras na oferta de Elias e têm esperança de receber um bônus.

"Sua ligação é muito importante para nós..."

"Para mim também!", vocifera Diego.

"Como?", diz uma voz.

"Diego, o senhor Tiago, por favor."

"O senhor precisa ligar para a administração, aqui é a consultoria."

"A senhora não poderia transferir a ligação?"

"Um momen... *When evening falls so hard I will comfort you...*"

A senhora Gisela estica de novo a cabeça para dentro: "O senhor Tiago ligou."

"Por que a senhora não transferiu a ligação, pelo amor de Deus?"

"Sua linha estava ocupada. Ele esperou mais de dez minutos. Pediu para dizer que, se o telefonema dele não é importante para o senhor..."

"*Oh, when darkness comes and pain is all around...*"

Les hommes d'affaires

"Que cara, Ângela!"

"O Fabrício!"

"O que tem ele?"

"Um caso."

"Pare com isso!"

"Eu disse a mesma coisa."

"Com quem?"

"Não faço idéia."

"Ele não diz?"

"Ele não sabe que eu sei."

"Mas você tem certeza?"

"Absoluta."

"Por quê?"

"Indícios."

"Batom no colarinho, conta de hotel para quarto de casal e coisas do gênero?"

"Não, ele está se comportando de maneira estranha."

"Como assim, estranha?"

"Simplesmente como um homem que está tendo um caso."

"Como, por exemplo?"

"Três vezes seguidas, chega em casa depois da meia-noite."

"O Alonso também faz isso."

"Traz flores."

"O Alonso também faz isso."

"Usa o celular no jardim."

"Isso também."

"Escova de dente e loção após-barba no porta-luvas."

"Ai, Ângela, o Alonso também faz isso. Você acha que eu me preocupo por causa disso?"

"Com o Alonso eu também não me preocuparia."

"Como assim?"

"Ele é fiel."

"Por que ele seria mais fiel do que o Fabrício?"

"Não sei. Com o Alonso, simplesmente não consigo imaginar."

"Que ele tenha um caso?"

"Ele não é o tipo."

"Você acha que é porque ele tem uns quilos a mais? Você não faz idéia de como homens pesados são atraentes para certas mulheres."

"Eu não quis dizer isso."

"Você acha que é por causa da careca? Então, eu posso te revelar umas coisas sobre homens com pouco cabelo, minha cara."

"Eu disse alguma coisa contra a careca do Alonso?"

"Você simplesmente insinuou que o Alonso é muito pouco atraente para ter um caso."

"Não insinuei, não."

"Então, por que é que eu não tenho de me preocupar com o Alonso, mas você tem com o Fabrício?"

"Desculpe. Não foi isso que eu quis dizer."

"Eu não me preocupo com o Alonso porque ele não tem *motivo* para ter outra. Não porque ele não possa."

"Ah, quer dizer que você acha que o Fabrício tem motivo para ter outra?"

"Pra mim, tanto faz se ele tem motivo ou não. Eu simplesmente me importo que você saiba que, se o meu marido continua comigo, não é porque nenhuma outra o quer."

"Mas o meu ninguém quer, é?"

"O Alonso poderia ter qualquer uma."

"A mim, não."

"Você? Nem de graça!"

Uma reestruturação particular (I)

O primeiro casamento de Hélio fracassou depois de cerca de trinta anos de crescente e irresistível diferença de idade entre ele e Magda. A cada ano, ela ficava um ano mais velha, enquanto ele continuava o que sempre fora: jovem, dinâmico, ativo e terrivelmente *good looking*. Do ponto de vista meramente humano, é claro que a separação o magoou. Mas com sentimentalismo não se progride, nem profissional, nem pessoalmente, desde que, no caso de Hélio, se possa separar ambas as coisas.

Foi à tênue fronteira entre o Hélio público e o privado que se deveu o fato de ele, depois de uma cuidadosa avaliação, ter-se visto forçado a escolher a opção "separação de Magda". Alguém como ele, com uma significativa renda de representação, deve alguma coisa à empresa, esteticamente também. E – não fazia sentido fechar os olhos para isso – sob este aspecto, o desempenho de Magda, a cada ano, deixava mais a desejar. É verdade que, em conversas casuais, ela continuou sendo a anfitriã agradável e experiente na qual havia se transformado com o passar dos anos. Ela até mesmo aumentara a qualidade de sua produção culinária. Mas começou também a comer aquilo que cozinhava. Isso ampliou adicionalmente o mencionado déficit estético.

Quando ele falou pela primeira vez com Magda sobre esse ponto, ela o surpreendeu com a afirmação de que uma mulher na idade dela tem de se decidir entre vaca e cabra. Ele não tem certeza se a opção "cabra" prometeria maior êxito, mas o fato de ela ter-se decidido de modo tão evidente por "vaca" aumentou a pressão pela decisão.

O crescente aspecto de matrona de Magda impediu-o de ascender à liga superior das celebridades da economia. Lá, onde a gente pode se dar ao luxo novamente de ter matronas como esposas.

Não é verdade que ele não tenha dado a Magda a chance de corrigir as coisas. Também na esfera particular, Hélio é justo nas decisões sobre o pessoal. Pelo contrário: ele manteve com Magda, fora do prazo, várias conversas sobre qualificação. Uma boa vontade a que ela respondia com uma teimosia que até então ele desconhecera. E com aquele seu sorriso, cujo traço irônico era aprofundado pelas novas dimensões de suas bochechas. Somente funcionárias que há muito haviam se demitido interiormente é que ficavam sentadas assim diante dele.

Sob outras circunstâncias, ele teria concedido a Magda um bônus de lealdade em consideração aos muitos anos em que ela fizera parte do time e concedido à sua dispensa muito espaço no eixo do tempo. Mas a recepção particular a Mendes e Veríssimo havia lhe mostrado que era preciso tomar uma atitude. Ambos têm, mais ou menos, a idade dele, mas ambos vinham com esposas que poderiam ser filhas de Magda. E, em vez de suavizar essa impressão, Magda ainda a acentuava através de seu comportamento maternal-indulgente em relação às duas esposas adolescentes. E, com isso, também abria entre ele e os senhores Mendes e Veríssimo um escancarado abismo de gerações.

Isso, e a subseqüente crítica de manobra a quatro olhos, aceleraram o processo que se seguiu. Mais o encontro com Luíza.

Uma reestruturação particular (II)

Luíza é, se quisermos tomar como critério o tempo que se passou desde o seu nascimento, um pouco mais jovem do que Hélio. Mas, se Hélio quisesse medir idade em anos, ele bem teria podido ficar com Magda. Para ele, idade é coisa muito relativa. Depende de como a gente se sente, qual a nossa aparência e qual a diferença de idade em relação ao parceiro. E, interessante, essa diferença fica menor quanto maior ela for do ponto de vista meramente aritmético.

É claro que existem homens que não combinam com uma mulher mais jovem. É preciso um certo lastro de jovialidade sobre o qual se possa construir. Mas, em Hélio, como se sabe, esse lastro está disponível. Ele o preservou, apesar de Magda.

Como dissemos: ele teria dado uma segunda chance a Magda, se ela tivesse demonstrado um mínimo de motivação. Se, por exemplo, na recepção particular a Mendes e Veríssimo, quando com toda calma e objetividade ele quis qualificar o desempenho deles, ela tivesse parado um momento de arrumar a lava-louça. Ou se, quando ele começou a falar da aparência dela – um tema delicado, admito –, ela não tivesse comido as "*trois mousses*" em que as duas segundas esposas Mendes/Veríssimo não haviam tocado. Hélio não conseguia se livrar da impressão de que Magda não estava especialmente interessada em continuar a cooperação de vários anos. Em especial mais tarde, ao perceber que, enquanto ele, lá do banheiro, aprofundava e expunha o tema, ela tinha adormecido na cama com a máscara de dormir e os tampões de ouvido.

Para não renunciar à lei da ação, mais do que com a intenção de forçar uma nova ocupante da posição de esposa, ele se meteu na aventura com Luíza. Não que essa tivesse sido a primeira vez em que ele prescreveu para si e para sua reputação uma escorregadela. Mas era a primeira vez que não fazia o menor esforço de escondê-la de Magda. Pelo contrário, ele se esforçava decididamente para que ela percebesse. Mas ela não procurava fios de cabelo louros em seu paletó nem provas comprometedoras em seus bolsos. Ele não inventava desculpas para suas ausências noturnas nem explicações para marcas de maquiagem no colarinho. Isso, com certeza, nem era necessário. Magda não fazia perguntas. Ela, que antes sentia o cheiro de mulheres estranhas quando ele abria o portão do jardim, agora nem reagia quando ele se borrifava com o spray do Chanel-19 de Luíza.

Caso Hélio não quisesse enfraquecer sua posição, dando a impressão de que não ele, mas Magda é que se esforçava pela separação, então ele teria de tomar a iniciativa.

Foi o que fez certa noite com a frase: "Magda, *sorry*, mas acho que deveríamos conversar sobre o futuro da nossa relação".

Magda folheou sua agenda e perguntou: "Que tal dia 22, na semana que vem?"

Uma reestruturação particular (III)

Pela primeira vez em seu relacionamento, Hélio ficou mudo. Tão mudo que não lhe ocorreu nada melhor do que também puxar sua agenda.

O dia 22 não parecia bom. Em duas noites, Lobo da central, uma palestra de um pesquisador de tendências, a assembléia geral do clube de golfe e duas vezes Luíza.

"Na terça, eu poderia adiar alguma coisa", ele ofereceu. Luíza, com certeza, iria compreender se ele lhe explicasse que queria conversar com Magda sobre a separação.

"Não precisa comprometer sua agenda por causa disso. Como está o dia 23?"

"Trata-se do futuro da nossa relação, Magda", Hélio acabou dizendo.

"Certo, então poderia ser um pequeno almoço. Quarta?"

"Um pequeno almoço! Por que não? Vamos conversar sobre o futuro do nosso casamento num pequeno almoço! Ou num balcão. Vamos conversar, comendo pão de cebola, sobre o saneamento das nossas relações de mais de trinta anos. Ou, melhor: tomando um aperitivo. Não precisa ser uma bebida alcoólica. Vamos fazer o balanço da nossa vida tomando um copo de suco de maçã!"

Na empresa, as explosões sarcásticas de Hélio são temidas. Mas Magda deu uma olhada em sua agenda e disse: "Por mim poderia haver algo mais demorado, não tenho nada importante para depois".

Enquanto Hélio ainda buscava uma resposta, Magda fechou a agenda e levantou-se, dizendo: "Vou reservar ambas as datas: terça, aperitivo, ou quarta, almoço. Mas me avise".

Logo depois, ele ouviu os passos pesados de Magda na escada indo para o quarto. Seria possível que ela estivesse tão pouco interessada na continuação do casamento deles quanto ele?

Por muito tempo, esse pensamento não o deixou dormir. Inquieto, ele rolava na cama ao lado de Magda, que respirava relaxadamente, e lhe fazia acusações. Insônia particular! Como se ele já não tivesse insônia suficiente por causa dos negócios. Pelo que ele entendia de um casamento justo e construtivo, a mulher deveria zelar para que o descanso noturno do marido não fosse perturbado por assuntos alheios aos negócios. De casos em que a esposa chegasse ao ponto de ser, ela própria, o motivo da insônia, ele nunca tinha ouvido falar. Perguntou-se se não deveria considerar um divórcio judicial.

Até às primeiras horas matinais, Hélio ficou imaginando os detalhes de uma disputa judicial exasperada. Quando ele se libertou de suas cobertas amarfanhadas, moído por um sono inquieto de pouco mais de duas horas, Magda continuava dormindo feliz. Seu travesseiro e o edredon pareciam ter acabado de ser afofados.

Quando, nessa manhã, Hélio olhou no espelho do banheiro, teve a sensação de que, na questão da crescente diferença de idade, Magda tinha recuperado um pouco o terreno.

Uma reestruturação particular (IV)

É claro que, no projeto "separação de Magda", Hélio tinha contado com certas dificuldades. Ele tinha se identificado com ela e imaginado como reagiria no lugar dela. Deus sabe que não eram cenas bonitas que ele tinha de imaginar: insultos, choro convulsivo, ameaças de suicídio e de assassinato, até mesmo agressões físicas. Ele estava preparado para qualquer cena, só não estava preparado para uma coisa: que ela poderia não se importar.

E, no entanto, parecia que tinha acontecido justamente isso. Ela pouco se importava. Pelo menos, era essa a impressão que ela dava. Tentava dar. Pois Hélio também não tinha nascido ontem. Ele sabia com quem estava lidando. Não se podia esperar que ele acreditasse que essa era a atitude da mulher de Hélio Sabão, que a deixava depois de mais de trinta anos – ainda mais com tão bons motivos. Mesmo que se cuidasse dela, naturalmente dentro dos limites do que é conveniente, uma relação como a deles não se definia apenas pelo aspecto material. Implicações sociais também faziam parte do jogo. Sem falar nas emocionais. Pois, mesmo que depois de trinta anos no nível emocional comum a temperatura não fosse a mesma de antes, Hélio não precisava olhar por muito tempo no espelho para saber que, afetivamente, ele era capaz, como sempre, de provocar alguma coisa. Bastava ver o olhar de Luíza.

Agora, Hélio buscava esse olhar cada vez mais à vontade. Por um lado, para compensar a indiferença da parte de Magda, que o açoitava. Por outro, para minar justamente essa indiferença.

Ele não só renunciou a todo e qualquer segredinho como até mesmo insistia para que Luíza ligasse para ele em casa, e não se dava ao trabalho de chegar ao telefone antes de Magda. Ela, então, esticava o fone para ele e dizia "Luíza". Não "uma Luíza" ou "Você conhece alguma Luíza?", mas, simplesmente, "Luíza". Como se se tratasse de uma antiga conhecida comum.

Alguém com menos experiência empresarial do que Hélio talvez nunca tivesse tido essa idéia. Mas depois de pouco tempo Hélio descobriu o jogo de Magda. Ele conhecia situações como essa, em que era do interesse de um dos lados ignorar para que o outro lado provocasse a demissão. Ele não era indiferente a Magda. Pelo contrário: ela fazia o sacrifício de agüentar Luíza na esperança desesperada de, com isso, manter seu status de esposa.

Hélio ficou comovido com essa compreensão e quase tentou avaliar uma outra solução que não a separação. Isso só foi mencionado aqui para ilustrar como Hélio estava aberto ainda nessa fase do processo decisório. E como, em conseqüência, a carta registrada do advogado de Magda com a ação de divórcio deve tê-lo atingido de modo inesperado.

Ainda hoje, segundo declarações concordes dos vizinhos, Hélio aparece diante da casa, experimenta, em vão, suas chaves velhas na fechadura nova e grita: "Não é a senhora que me demite! Eu é que a demito!"

Azar do Ramires

Quando Ramires viu Rui pela primeira vez, teve certeza: quero ser como ele.

Naquele momento, ele estava zapeando a programação do fim da noite para dar a Gertrudes tempo de adormecer. Ficou preso num paletó cinza com dupla fileira de botões. Raras vezes tinha visto um terno tão bem preenchido. Os músculos deltóides e o arqueamento do peito mantinham o paletó liso, sem esticá-lo, e os músculos do peito se ajustavam sob as abas viradas para fora, como se a sua única tarefa fosse realçá-las. Um lenço branquíssimo florescia para fora do bolso do peito. Uma gravata surpreendentemente colorida saía de sob um colarinho estreito listrado de azul e branco, que circundava de modo tão justo o pescoço curto, que o rosto acima dele ficou alguns milímetros mais redondo e alguns tons mais vermelho. O olhar frio era emoldurado por óculos com aros de tartaruga levemente coloridos. Os cabelos grisalhos deixavam bastante espaço para a testa esférica.

Com frases sucintas, o homem falava uma mistura de alemão e de inglês americano. Ele tinha comprado, há pouco, *bankers trust* por *roughly* nove bilhões de dólares e fez do *Deutsche Bank*, que ele dirigia, o maior do mundo.

Pouco depois desse encontro, Ramires começou a usar colarinhos estreitos, paletós com dupla fileira de botões e lenços de bolso alvíssimos. Os óculos, ele já tinha adquirido antes.

É verdade que Gertrudes achava que ele não tinha pescoço para esse colarinho "assassino", como ela o chamava. Ela também o aconselhou a se decidir entre lencinho de bolso e paletó com dupla fileira de botões; os dois juntos davam a ele um pronunciado quê de dançarino profissional. Mas Ramires não se deixou transtornar. Ele conhecia gente que, com esse *outfit*, comandava *roughly 95.847 staff members*.

Na empresa, tomou-se conhecimento do novo estilo de Ramires com um certo dar de ombros. Somente Sigismundo observou num círculo pequeno que Ramires parecia mais um leão-de-chácara de bordel de luxo. Mas Sigismundo nunca suportou a promoção de Ramires.

Ramires pesquisava sistematicamente a mídia atrás de reportagens sobre o seu ídolo e as lia em momentos de tranqüilidade, a maioria delas várias vezes. Não, Ramires não deixava escapar um programa de TV em que houvesse a mínima probabilidade de que Rui aparecesse. Ele estudava seu sorriso aberto, sua gesticulação e postura monárquicas, tendo adotado ambas, sem perceber.

Ramires sabia que um empresário de sua importância deveria criar a partir de si mesmo. Em sua posição não existem modelos, ele é um. Por isso, acautelava-se de confiar seu segredo a outra alma. E assim ele teria continuado, quando seu ídolo surpreendeu o mundo ao incorporar o *Dresdner Bank* em um *merger of equals*, tornando-se senhor de *roughly* 2,5 bilhões de marcos de ativos e passivos.

Ah, se pela primeira vez em sua vida, o mais importante jornal financeiro do país não o tivesse levado em conta em uma pesquisa entre empresários. E perguntado justamente sobre os seus modelos.

Sua resposta foi publicada *roughly* no mesmo dia em que o seu ídolo teve de anunciar o fracasso de sua fusão.

O moderador de apetite do Joaquim

Joaquim e Cícero estão sentados no restaurante da diretoria, comendo a sobremesa. Para Joaquim, um pedaço de bolo de maçã, para Cícero, uma *mousse* dietética.

"Simão agora tem uma espécie de patinete", diz Cícero, para que Joaquim não possa apreciar o seu bolo assim tão sossegado.

"Que tipo de patinete?", Joaquim procura se informar.

"Um desses pequenos, dobráveis."

Joaquim corta um bocado do bolo de maçã, empurra-o para dentro da boca e o mastiga concentradamente. Mais uma vez, Cícero se irrita por ter pego o cardápio dietético.

Só depois de engolir, Joaquim pergunta: "Um desses cromados, com rodas pequenas?"

"Exatamente um desses."

"E o que ele faz com aquilo?", pergunta Joaquim, e se volta, de novo, para o seu bolo de maçã.

Cícero afasta a folha de hortelã da sua *mousse* e enche o garfo. Tem gosto de água mineral Evian batida e aerada e derrete imediatamente na língua, sem deixar resíduo. "Anda."

"Ah. Mas, para onde?"

"Para o trabalho, por exemplo."

Joaquim pára o próximo garfo cheio de bolo de maçã pouco antes da boca e o faz baixar de novo no prato. "Simão vai de patinete para o trabalho?"

"O nome é outro. Não é patinete. Não consigo me lembrar agora."

“Mas é feito de uma tábua com duas rodas e um guidão?”

“É, cromado.”

“E a gente fica com um pé nele, e com o outro a gente empurra para a frente.”

“Exato.”

Joaquim quer levar o garfo para a boca, mas o faz baixar de novo a meio caminho. “E é assim que ele vai para o trabalho.”

Cícero faz que sim, enquanto uma segunda colher de *mousse* dietética evapora na sua boca.

Agora, os dois ficam olhando para o pedaço de bolo de maçã no garfo. A massa crocantemente marrom, o suspiro amarelo-baunilha, as maçãs tenras e o glacê quase caramelizado. “E a pasta?”, Joaquim quer saber.

“O que tem a pasta?”

“Como é que ele leva a pasta no patinete?”

“Ah, sei”, Cícero sorri ironicamente. “Simão não tem pasta. Agora ele só tem uma espécie de mochila.”

“Simão vai ao trabalho de patinete e com uma mochila?”, pergunta Joaquim, incrédulo. Ele tenta imaginar a cena e ergue de novo o garfo com o pedaço de bolo.

“Está vendo a cena?”, pergunta Cícero, maldosamente.

“Exato. Com a gravata balançando.”

“Não, ela fica presa na alça da mochila. A alça em diagonal sobre o peito.”

Joaquim pára de novo o garfo. “Ele tem uma bolsinha para o celular?”, pergunta em tom de censura.

Cícero diz que sim. “*Do you got the picture?*”

Joaquim balança a cabeça enojado e empurra o prato para o lado.

“Se você não gosta de bolo de maçã, eu posso comer”, o outro se oferece.

A privacidade do Gabriel

Carlos Henrique Gabriel não tem muito daquilo que se costuma considerar autoridade natural. Não é daqueles executivos que exigem respeito de seus subalternos por serem profissionalmente superiores a eles. Gabriel deve sua carreira a outras aptidões. Sensibilidade extrema para o *timing* de transferência de lealdade, por exemplo. E a um instinto para deslocamento de poder. E a um natural talento tático.

Talentos com os quais se impressionam mais os superiores do que os subalternos. Para estes, ele tem uma outra receita: distância.

Cedo em sua carreira, Gabriel viu que a distância pessoal é um útil instrumento de direção. Quando falta a autoridade natural é preciso providenciar uma artificial.

É claro que a hierarquia contribui um pouco para a distância. Gabriel não é dessas pessoas que afastam diferenças de posição. Pelo contrário: ele as estimula ao máximo. Ele só daria uma instrução aos seus subalternos para o patamar hierárquico inferior mais próximo. Também com seus subalternos diretos ele nunca falaria sobre outra coisa que não sobre negócios. Já uma frase como "Que droga de tempo" admitiria a conclusão de que ele prefere tempo bom a tempo ruim e, portanto, teria algo em comum com os subalternos. Ele terá cautela de se colocar, em qualquer aspecto, no mesmo patamar que os seus subalternos. Mesmo que seja apenas em relação a suas preferências meteorológicas. Gabriel está convencido: quanto mais se revelar, menos será respeitado.

Esse cuidado com a privacidade de Gabriel o persegue no mesmo patamar hierárquico. Para ele, os de posição igual à sua são os subalternos de amanhã, e ele também mantém distância deles. Até mesmo os seus superiores ele procura colocar o mínimo possível ao corrente de sua vida particular. Pois o superior de hoje é o colega de mesma posição de amanhã.

Assim, desagrada-lhe ao máximo quando Wander, seu chefe, o informa na sexta à tardinha que vai telefonar no domingo para coordenar com ele alguns detalhes sobre uma reunião na manhã de segunda-feira.

Para evitar que Cora ou uma das crianças atenda ao telefone, no domingo Gabriel está em pé às 7 e meia. Passa a manhã perto do telefone. Ninguém liga a tarde toda a não ser a mãe de Cora, que o enreda numa longa conversa.

Pouco antes das cinco, o seu metabolismo o obriga a visitar o toalete que evitou desde cedo. "Se alguém me ligar", ele recomenda expressamente a Cora, a Pat e à raspinha do tacho, Wanda, "eu fui à banca de jornal e retorno a ligação".

Não faz nem três minutos que Gabriel está sentado no vaso sanitário e o telefone toca. De algum modo, ele alcança o aparelho na terceira chamada. Bem a tempo de ouvir Pat dizendo para Wander: "O papai vai retornar a ligação, ele tá sentado na banca de jornal".

Aumento de eficiência através do *Internet banking*

Branco também mudou para o *Internet banking*. Ultimamente, ele guarda na sua gaveta com chave um desses cartões de crédito eletrônicos, cujo código de seis algarismos sempre muda alguns minutos depois, segundo uma lei indecifrável.

Antes, ele tinha de pôr todos os impressos de depósito para todas as suas contas num envelope previamente endereçado e enviá-lo para o banco. Agora, ele pode simplesmente acessar sua conta indicando o número do contrato, a senha ("Lumpi", nome do seu bassê de pêlo longo que, quando ele era jovem, costumava se limpar nas roseiras do seu pai) e o código de seis algarismos. Então, ele só precisa digitar a conta, duas linhas do endereço do beneficiário, a quantia, o número de referência de 27 dígitos do impresso de depósito, a data do pagamento e – caso ele não digite errado, e caso o computador aceite a data do pagamento –, confirmar o pagamento clicando "enviar", esperar a confirmação, e a primeira conta já está paga. E ele pode clicar de novo em "impresso azul de depósito" e digitar a conta, duas linhas do endereço do beneficiário, a quantia, o número de referência de 27 dígitos do impresso de depósito, a data do pagamento e – caso ele não digite errado e, caso o computador aceite a data do pagamento –, confirmar o pagamento clicando "enviar" e esperar a confirmação, e a segunda de dez contas já estará paga.

Caso a confirmação demore um pouco, ele clica uma segunda vez com o *mouse* e apareça simplesmente a informação "função paralela não é possível", basta que ele acesse sua conta novamente com o número do contrato, "Lumpi", o código de seis algarismos, clique novamente em "impresso azul de depósito", digite a conta, duas linhas do endereço do beneficiário, a quantia, o número de referência de 27 algarismos, a data do pagamento etc.

Desse modo, agora Branco tem controle sobre a movimentação de seus pagamentos. E, toda vez que os registros e anotações em sua conta não coincidirem com as ordens eletrônicas, ele só precisa ligar para a *hotline* do seu *Internet banking*. É que, para este, a ligação de Branco é importante, ele será atendido imediatamente, tão logo um atendente não esteja mais ocupado com outro cliente. E ele recebe o conselho de, dali a duas, três horas, acessar de novo sua conta com o número do contrato, "Lumpi", o código de seis algarismos e verificar se, nesse meio tempo, a situação de acesso à conta está de acordo com os seus lançamentos.

E, caso ele digite errado três vezes em um ano, simplesmente irá até o seu banco com o cartão eletrônico e terá de esperar na linha confidencial até que um atendente fique livre, e solicitará um novo cartão.

Desde que o *Internet banking* combinou tanto da capacidade administrativa de Branco a coisa vai de vento em popa.

A noite decisiva do Mário (I)

Pouco antes das quatro, Mário recebe a ligação pela qual tem esperado faz quase um ano. “O senhor e sua esposa não assumam nenhum compromisso na sexta à noite”, diz a voz de Pedrosa, “daremos uma pequena recepção e gostaríamos que vocês estivessem presentes”.

Quando ele desliga, Mário, do tipo reservado, solta um alto “oba!” Recepção na casa do Pedrosa significa que ele faz parte da disputada escolha para a direção regional. Se ele superar essa dificuldade, então a coisa está no papo.

A reação de Isabela é menos eufórica. “E, por favor, o que devo vestir?” é a sua primeira pergunta, depois que ela soube – a pedido dele, sentada – da sensacional novidade. Talvez ele não devesse ter dito: “Você deve ter alguma coisa para vestir”. E ela talvez não: “Alguma coisa eu tenho, só estava pensando que era importante”. Em todo caso, desde então, algo não está em ordem. E aí não adianta nada quando, antes de adormecer, ela cai em si com um “Ei, essa recepção na casa do Pedrosa é mesmo dez!” Ele sabe: a partir de agora, a coisa tem algo de negativo.

É um segredo público que a mulher de Pedrosa tem voz de peso quando se trata de ocupar posições superiores do quadro. A recepção, assim diz o boato interno, serve somente para avaliar o candidato e seu cônjuge. É verdade que Mário não está convencido de que isso seja verdade, mas, para ter absoluta certeza, ele faz uma insinuação nessa direção ao conversar com Isabela no café da manhã. Teria sido melhor ele ter deixado isso de lado. Desde então, só se ouve: "Você acha que a senhora Pedrosa não acha Chanel 19 importuno demais?" E: "Este serve, ou será que é decotado demais para a senhora Pedrosa?"

Mário, que depois de onze anos de casamento poderia contar uma história sobre a imprevisibilidade de Isabela, se contém.

Mas ele também possui nervos. Em especial, uma hora antes da talvez mais importante noite de sua vida. Depois que Isabela termina de empoar o nariz e pergunta: "Está bom assim, ou vou ter de operá-lo?", ele se acalma e ruge: "Você deveria operar a cabeça inteira!"

Isabela agarra a própria cabeça com as duas mãos e desgrenha o penteado de lavar-cortar-tingir-escovar de 214 francos mais a gorjeta. "Está melhor assim?", ela pergunta, e seus olhos fulminam de ódio sob os danos irreparáveis ao penteado.

Pela primeira vez, Mário entende por que existem homens que matam suas mulheres. Ele estica o braço esquerdo e olha para o relógio de pulso. "Eu lhe dou exatamente dez minutos para arrumar isso", ele ordena, de modo ríspido.

"Senão?", Isabela pergunta, cruzando os braços diante do seu novo Gucci de 1.840 francos, cujo decote, nessa pose, realmente pareceria à senhora Pedrosa um pouco cavado.

Por um momento, estupefato, Mário crava os olhos no decote de Isabela como se fosse o abismo do fim de sua carreira. Então, ele diz, do modo mais razoável possível: "Ah, vai, Isabela, assim você não pode ir."

"Quem disse que eu vou...?"

A noite decisiva do Mário (II)

O casamento de Mário já passou por algumas crises nos seus onze anos de existência. Houve o caso das Seychelles, quando Mário surpreendeu Isabela com a idéia de passar duas semanas numa ilha fantástica e ocultou dela que Marina, do controle, também estaria lá. Depois, houve o baile comemorativo, em que Isabela passou a noite sentada, como uma tortinha de *chantilly* num tule de 2.000 francos, numa cadeira desconfortável à mesa da diretoria, assistindo Mário fazer companhia para o Dr. Kerning (adulando o velho Kerning), porque este não dança. E depois, é claro, ainda houve o veneno topetudo de Mário, como Isabela ainda chama a senhora Arrigoni, apesar de, fora um teste de DNA, ele ter apresentado praticamente toda e qualquer prova que o inocentasse.

Mas nenhuma dessas crises possuía, nem de perto, a dimensão apocalíptica desta. Dezoito minutos antes de serem aguardados na casa de Pedrosa para passar pelo último obstáculo do percurso de desempenho regional, Isabela se nega. O cabelo dela está de pé, em tufos grudados de gel; ela chutou fora os sapatos ("Estão bons, ou será que a senhora Pedrosa talvez os ache vulgares demais?"), e agora começa a embeber uma bola de algodão num creme demaquiante com a intenção de tirar do rosto, em três minutos, 45 minutos de maquiagem.

Mário a agarra pelos pulsos e gagueja: "E o que eu vou dizer para os Pedrosa?"

“Diga, simplesmente, que eu não estou me sentindo bem.”

“Se você está tão mal assim que nem pode ir à casa dos Pedrosa, então, para agir corretamente, eu também teria de ficar em casa.”

“Então, não vá também.”

Em vez de responder, Mário revira os olhos até seus globos oculares doerem.

“Diga, simplesmente, que eu morri. Ataque cardíaco. De felicidade, por causa da recepção.”

Mário considera, por pouco tempo, cair de costas e se estatelar no chão. Mas então ele se contenta com chacoalhar um pouco os pulsos de Isabela.

“Se você não me soltar imediatamente, eu grito!”, grita Isabela.

Mário a solta por um instante. “Ok. Podemos ir agora?”

Isabela suspira e sacode a cabeça. “Entenda de uma vez por todas, eu não vou.”

Mário também sabe sacudir a cabeça. “Você é que deve entender de uma vez por todas que se trata do nosso futuro.”

Estão em pé, um na frente do outro, sacudindo e sacudindo a cabeça, até que Isabela, por fim, diz: “Trata-se do *seu* futuro. *Eu* vou me divorciar.”

Agora é que será empregada a considerável habilidade tática de Mário.. Sem refletir muito, ele diz: “E quanto é que eu vou poder lhe dar de pensão, se eu não ficar com a direção regional?”

Isabela coloca a bola de algodão na penteadeira e pensa. Por fim, ela diz: “Mas, assim que você se tornar diretor regional, nós vamos nos divorciar, combinado?”

“Combinado”, responde Mário e dá um beijo em Isabela.

A noite decisiva do Mário (III)

Apesar de, neste ínterim, eles estarem catorze minutos atrasados, Mário segue cuidadosamente as leis do trânsito no trajeto até os Pedrosa. Ele não quer comprometer o cessar-fogo; seu modo de dirigir já deu, também em situações com antecedentes menos graves, motivo para brigas conjugais sérias. Mas quando, num sinal que acabou de mudar para amarelo, ele diminui, Isabela grita: "Ainda dá, meu Deus; você não costuma ser tão covarde assim na direção!"

Mário praticamente atravessa o cruzamento no vermelho e lança um olhar furtivo para Isabela. Ele se irrita um pouco por sua mulher ficar tão motivada assim diante da perspectiva de divórcio. "De qualquer modo, nós seremos os primeiros", ele diz. Uma frase com que ela costuma irritá-lo até ele espumar de raiva.

Isabela não reage. Ela abaixou o quebra-sol e se olha no espelho do passageiro. Nos poucos minutos que lhe restaram para a tarefa aparentemente insolúvel de salvar o seu penteado, ela realizou um verdadeiro milagre: lavou o cabelo e o penteou para trás, molhado, com gel. Mário acha que está quase melhor do que antes, mas toma cuidado para não dizer isso em voz alta.

Diante da casa dos Pedrosa há vários carros parados, dos quais Mário conhece dois: o Alfa de Cindo e o BMW de Balboa. O nível máximo da diretoria. Ele respira fundo, estaciona o seu Volvo e pega o buquê de flores no banco de trás. Isabela fica sentada. Ele abre a porta e pergunta: "O que é, desta vez?"

Ela lhe dá a mão e, com um gracioso sorriso, deixa que ele a ajude a descer do carro. “Pode ser que eles já estejam nos observando da janela”, ela cochicha para ele.

De braços dados, o casal sobe até a entrada dos Pedrosa. Antes de ele tocar a campainha, ela sibila: “Que fique claro: você fica com a direção regional e eu, com o divórcio”.

A partir daí, Isabela representa a esposa amorosa de Mário. Quando Pedrosa abre a porta, ela se deixa ser surpreendida examinando pela última vez a gravata de Mário. Durante as apresentações em pé, com coquetéis, ela sempre procura a mão dele. De modo brincalhão, ela lhe dá folhados de queijo para comer. E, apesar de, usando salto alto, ficar praticamente da altura dele, sempre que ele fala, ela consegue erguer, admirada, a vista para ele – como Nancy Reagan para o seu Ronny no juramento de posse.

Quando a ordem dos lugares à mesa da senhora Pedrosa os separa, Isabela sempre procura o olhar de Mário e lhe manda beijinhos furtivos sobre a terrina de legumes. E, no cafezinho, ela consegue dar um jeito para se sentar ao lado dele no sofá. E pôr a sua mão no joelho dele.

“Então?”, Pedrosa pergunta para sua mulher quando, enfim, olham para o casal descendo devagar, abraçadinho, o caminho até o portão.

Com um sorriso melancólico, ela responde: “O estresse da direção regional seria o fim desse belo relacionamento”.

Prosecco, nunca mais!

Talvez Laércio devesse ter recusado o convite para as boas-vindas a Ramos. Ou, pelo menos, o quarto copo de *prosecco*. Mas ele finge que não percebe que Ramos o está servindo de novo e só protesta quando o copo está cheio.

Ele decide reduzir o limite de teor alcoólico no sangue com algumas horas extras e liga para casa dizendo que trabalhará até tarde.

Quando entra em seu escritório, ele se sente bem. Fez bem em ter aparecido na recepção a Ramos. Sua imagem sofreu um pouco com a demissão de Marengo. O pretexto da demissão – molestar sexualmente uma funcionária via Internet – não foi uma boa escolha. Mas era o que estava à mão, depois que Marengo divulgou por *e-mail* um *link* pornográfico e esqueceu de excluir justamente a senhora Tornado da lista de destinatários. A dispensabilidade de Marengo e a indispensabilidade da senhora Tornado resultaram numa mistura tão explosiva, que este estava no olho da rua antes que pudesse saber o que lhe tinha acontecido.

Desde então, Laércio é considerado, internamente, como não tendo senso de humor. Não faz mal se mostrar, de vez em quando, num *social event*.

Ele liga o novo *laptop*. Até que o efeito dos quatro *proseccos* tenha diminuído, ele vai resolver pendências. Mas os seus pensamentos sempre se voltam para o fatídico e-mail de Marengo. Aliás, o *link* que ele enviou foi mesmo escandaloso. Naquela época – estritamente nos limites da investigação, bem entendido –, ele o tinha avaliado. A revolta da senhora Tornado tinha sido absolutamente legítima.

Sem os quatro *proseccos*, Laércio certamente teria desistido de fazer o *download* da foto comprometedora de Marengo e – só para o caso de conseqüências da legislação trabalhista – imprimi-la.

Ele vai para a ante-sala e, diante da impressora ao lado da escrivaninha da senhora Tornado, espera pela prova do crime. Mas nada acontece. Ele volta para o seu *laptop*. No monitor, o corpo de delito continua se espreguiçando. A seta do *mouse* travou.

Laércio desliga o computador e o liga novamente. De novo, aparece a foto, a seta do *mouse* continua travada no mesmo lugar delicado. O que quer que ele tente, a cada vez que liga o computador a tela fica travada na foto que custou a vida de Marengo.

É impossível para ele, na manhã seguinte, consultar o técnico de processamento de dados. O mais tardar, uma hora depois, a firma toda saberia em detalhes qual foto paralisou o novo *laptop* de Laércio.

Por fim, ele fecha o aparelho e o enfia na pasta. Segue por um desvio, pára numa ponte e joga o aparelho *hightech* com o cabo e o adaptador ISDN, que custaram quase 11 mil francos, no rio de água parda. Aliviado e razoavelmente sóbrio, ele vai para casa.

Na manhã seguinte, quando a senhora Tornado liga a impressora, a senhora Petrônio e a senhora Júlia são testemunhas de como, de repente, a luz verde começa a piscar, uma foto colorida desliza devagar na bandeja de saída e a senhora Tornado dá um grito tão alto que Laércio, preocupado, espia para dentro da sala dela.

Os Cunha são integrados

Ana Duílio deve cuidar um pouco de Gerda Cunha. Faz parte do programa de integração da empresa para novos diretores. Se a esposa se sente bem, é mais fácil para o marido se familiarizar.

"Qual é a aparência dela?", pergunta Ana quando o marido lhe pede o favor.

"É melhor você ir buscá-la em casa. Assim, vocês não vão se desencontrar."

"Quero dizer: temos de ir ao zoológico ou é possível a gente se misturar às pessoas?" Duílio se propõe a, no futuro, dispensar Ana de tarefas de integração.

"Diga a eles que eu posso cuidar de mim mesma", diz Gerda a Cunha, quando o marido lhe revela que Ana virá pegá-la para um pequeno passeio na cidade.

Mas as duas mulheres aprenderam a se sujeitar às razões da carreira de seus maridos. Quando, na tarde seguinte, Ana, com um sorriso radiante, toca a campainha da casa de Gerda Cunha, esta abre a porta como se há semanas esperasse ansiosamente pelo passeio na cidade.

A senhora Ana mostra à senhora Cunha a melhor casa de queijos, o melhor padeiro, a melhor mercearia fina, a melhor loja de acessórios de cozinha e a rua com as melhores butiques.

No melhor bar, com o melhor *cüpli*, as duas, a seguir, conversam sobre seus maridos. De qualquer modo, elas esbanjam superlativos.

Quando Ana pede a conta, o *barman* traz mais dois *cüpli*. Do senhor *vis-à-vis*.

Ana quer devolver os copos, mas Gerda brinda para o senhor *vis-à-vis*. Assim, ela também ergue o copo e, por educação, participa da breve conversa com o cavalheiro.

Quando Ana chega em casa, Duílio já está na cama. "Como foi com a mulher do Cunha?", ele pergunta antes de ela entrar no banho.

"Terrível", ela murmura, para que ele não considere o sacrifício dela pequeno demais.

"Parece que as nossas esposas estão se entendendo bem", Duílio comenta para Cunha no dia seguinte, à parte, em uma reunião.

"Por que você não se encontra com mais freqüência com a mulher de Duílio?", diz ele, à noite, para Gerda. "Ela está encantada com você."

Só dois dias depois, Ana e Gerda combinam de ir ao cinema. Elas se encontram para o aperitivo no melhor bar com os melhores *cüpli*. O senhor *vis-à-vis* também está lá de novo. No *toilette* feminino, Gerda pergunta se Ana se importaria de ir sozinha ao cinema. Quando Ana concorda, Gerda acrescenta: "Caso alguém pergunte, nós estávamos juntas".

Por motivo de credibilidade, depois do cinema, Ana ainda vai a um local para um último drinque noturno. Quando ela pede a conta, o garçom lhe comunica que já está paga. Um senhor, também *vis-à-vis*. Ana acena para ele com a cabeça e, por educação, troca algumas palavras com ele.

Assim, desenvolve-se um relacionamento íntimo entre Ana e Gerda. Elas marcam encontro freqüentemente e nunca se encontram.

Cunha é absorvido pelo emprego. E Duílio congratula-se por seu programa de integração.

Os senhores Hugo, Sílvio e Hendrix

Originalmente, o Dr. Hugo tinha planejado, para o almoço, comer uns sanduíches com o Dr. Sílvio no escritório. O pequeno espaço com poltronas junto à janela foi planejado para tais ocasiões. Mas, então, ele manda reservar uma mesa sossegada na cantina da diretoria.

Ele conhece Sílvio de duas, três pré-sondagens para o caso de Mecklenburg. Talvez este se sinta surpreendido por algo tão íntimo como sanduíches para o almoço no escritório.

Sob este aspecto, de repente, o escritório parece também ao Dr. Hugo pessoal demais como local para se conversar. Ele solicita a pequena sala de reuniões e convoca Radel para as onze horas. Para a breve versão de sua *tour-d'horizon* de marketing. Não mais que meia hora. Somente para manter distância.

O Dr. Sílvio aparece vestindo um terno cinza-escuro com colete, lenço de lapela branco e gravata listrada de vermelho e verde. O cinza-escuro do terno com colete do Dr. Hugo é dois tons mais escuro. Ele também está usando um lencinho branco. Mas sua gravata é um pouco menos conservadora: listas horizontais em vez de diagonais.

Depois de dispensar Radel, eles resolvem os últimos assuntos da manhã, então se cumprimentam mutuamente através das doze portas (portas do elevador, inclusive) de que é composta a corrida de obstáculos da sala de reuniões até a cantina da diretoria.

Enquanto esperam pela entrada, o Dr. Hugo procura um tema para conversarem. Mecklenburg era o mais evidente. "O senhor já esteve na região, doutor?"

"Ah, isso foi há muito tempo. Na baía de Mecklenburg, em um concerto."

"É mesmo? Uma vez também fui a um concerto na região, mas deve ter sido há mais tempo. 1970. Na ilha Fehmarn."

O Dr. Sílvio fica atento. "Dia 6 de setembro de 1970? O Festival Love and Peace, doutor?"

O Dr. Hugo faz que sim, zeloso. "O último concerto de Jimi Hendrix. Diga logo, o senhor também estava lá, doutor?"

"*Shit!* Claro que eu estava lá. Quase fui soprado longe, de tanto que ventava."

"Não dava para saber o que era Jimi e o que era temporal. *Shit! And the wind cries Mary*, doutor."

"*And the wind screams Mary*, doutor. *Shit!*"

"Essa ele não tocou. Mas *Killing Floor*."

"Com essa ele começou, doutor. Depois *Spanish Castle Magic, Foxy Lady*."

"*Hey Joe, Purple Haze, Voodoo Chile, Message to Love*, o programa todo, doutor."

"E no meio de *Hey Baby*, ele interrompe e diz: *I've been dead a long time*."

"Não, isso foi quatro dias antes, em Århus."

"*Shit*, o senhor estava lá também, doutor, em Århus?"

"*Shit*, o senhor também?"

"Claro! Jimi pára de tocar e diz: *I've been dead a long time. Shit*. Isso foi o máximo, hein, doutor?"

"*Yeah, shit*, doutor."

Martim não é invejoso

Martim não é invejoso. Nem mesmo quando pensa no Maserati 3200 GT V8 de Paulo.

Mesmo que ele pudesse ter um, nunca ousaria ir para a rua com um carro desses. E, ainda por cima, cor de berinjela! Um carro com esse formato não poderia ter uma cor dessas. Uma berinjela recheada de Paulo é o que lhe vem à mente. E, com certeza, não só à mente dele. Vem à mente de qualquer um que veja Paulo saindo devagar do *coupé* baixo. E são bem uns dez metros até ele ter-se endireitado todo.

Mas, por favor: cada um precisa saber o papel ridículo que quer fazer. Se Paulo quer se expor à suspeita de que comprou um carro de dentro do qual possa ver debaixo da minissaia das moças, pois não. Se Paulo, com quase quarenta, já quiser parecer um *sugar-daddy* – problema dele. Nisso, ele pode se juntar ao Ramalho. É verdade que este não tem um Maserati, mas uma mulher vinte anos mais jovem. Comparado com ela, o Maserati de Paulo deve ser quase uma mixaria. Só para mencionar os vestidos. É verdade que Martim não entende muito de vestidos, mas quem chamou a atenção dele para o fato de que os vestidos que a mulher de Ramalho usa são caros foi Úrsula. "O que ela está vestindo custa mais do que o meu guarda-roupa inteiro", ela disse. Uma observação que provocou uma cena. Não tanto por causa do conteúdo, mais por causa do *timing*. Ele tinha acabado de mencionar que agradece ao bom Deus todo dia, de joelhos, porque, naquela época, preferiram Ramalho a ele como vice-diretor. Verdade. Ele declara o mesmo ainda hoje. A vice-direção leva diretamente à direção regional.

E só de olhar para Ramalho, pode-se ver como a direção consome o sujeito. De que lhe serve a mulher jovem, se você nunca sai do escritório antes da meia-noite? Ele continua achando que não foi um presente.

E para onde a direção regional leva, pode-se ver no exemplo de Paulo: à direção geral. E a um Maserati cor de berinjela. Pura compensação. Aí, a gente se pergunta imediatamente: o que alguém, que tem tudo, tem de compensar? Alguma coisa não está em ordem. De que a gente tem de ter inveja? Nem que fosse de graça, Martim não iria querer o Maserati cor de berinjela! Prefere continuar gerente e não ter nada para compensar. Faz seu trabalho, tem tempo para a família e não precisa enganar ninguém. Não, nada de inveja. Pelo contrário: se alguém deve ter inveja de alguém, então Paulo e Ramalho devem ter dele.

Quer apostar que eles prefeririam trocar de lugar com ele? O que eles não dariam se, à noite, no fim do expediente, pudessem largar a caneta e, a caminho de casa, passar rapidamente pelo "Express" e, tomando uma cerveja, amaldiçoar as novas decisões da diretoria! Alguma coisa eles dariam por isso. Se não tudo.

E é dessa gente que ele deve ter inveja? Gente com Maseratis cor de berinjela e mulheres vinte anos mais jovens, gente que preferiria trocar de lugar com Martim?

E mesmo que lhe pedissem de joelhos: Martim não fica com inveja.

Ricardo no "Rosa Branca" (I)

O "Rosa Branca" não é o local preferido de Ricardo. O fato de ele ter convidado Nivaldo para ir lá é conseqüência de suas esmeradas pesquisas sobre os hábitos e predileções deste. Nivaldo tem um fraco por restaurantes burgueses com preços para altos burgueses. Que assim seja; para Ricardo todo meio é válido para impressionar Nivaldo.

Ricardo está sentado à mesa quatro, folheando o cardápio. *Carré de veau* ou peito de vitela recheado, eventualmente o *pot-au-feu*, são, segundo suas informações, a escolha de quem é conhecedor. E vinho em garrafa para o almoço é considerado coisa de novo-rico.

Toda vez que a porta se abre, ele põe o cardápio de lado. Não quer que Nivaldo o veja folheando-o. Tenciona fazer o pedido de cor.

Nivaldo chega com quinze minutos de atraso e passa por cima dessa circunstância com a despreocupação do cliente em potencial. Abre o cardápio. Ricardo deixa o seu na mesa. "O senhor já escolheu?", pergunta Nivaldo.

"Sempre peço o *carré*", responde Ricardo. "Mas o peito de vitela também é muito bom."

Nivaldo não é desses que, sem mais nem menos, aceita a recomendação de um fornecedor em potencial. Posição por posição, ele estuda a oferta antes de se decidir pelo peito de vitela. Então, põe o cardápio de lado e diz: "É raro ver isso hoje em dia: *sorry, no credit cards*".

Ricardo deve ter olhado para Nivaldo como quem não compreende, pois este se vê forçado a abrir novamente o cardápio e lhe mostrar a indicação. "Não sabia?"

"Ah, sei. Isso, sim. Naturalmente, claro!", responde Ricardo e calcula, de cabeça, quanto dinheiro está levando. Cento e trinta, cento e quarenta, talvez, se incluir as moedas. Vai dar mal e mal, se eles se contiverem um pouco com o borgonha aberto.

"Ah", exclama Nivaldo, "que coincidência, eles têm aqui o *Château Figeac* setenta e nove! O senhor o conhece?"

Quinze minutos depois, Ricardo está diante do caixa eletrônico na esquina. Murmurou algo como "*toilette*" e saiu pela porta de trás. Diante dele, um jovem, sacudindo a cabeça, estuda as últimas cinco movimentações em sua conta. Lança repetidamente, por sobre o ombro, um olhar desconfiado para Ricardo. Quando finalmente o caixa eletrônico cospe fora o cartão do homem, ele o insere de novo e, solenemente, saca cem francos.

Quando chega a vez de Ricardo, ele esqueceu a senha. Deu branco. Simplesmente, sumiu.

"Esqueceu a senha?", pergunta o homem atrás dele. Ricardo sacode a cabeça e digita a combinação. "Senha inválida", informa o caixa eletrônico.

"Talvez eu possa sacar nesse meio tempo", diz o homem atrás dele. "Com certeza, neste ínterim, o senhor vai se lembrar."

Ricardo respira fundo e se concentra. E, realmente, ele se lembra da senha. Digita a combinação.

"Cartão retido", informa o caixa eletrônico. "Gratos por sua visita."

Ricardo no "Rosa Branca" (II)

Ricardo continua com os olhos fixos na fenda em que o seu cartão desapareceu. "Uma pequena sugestão", diz a voz do homem atrás dele, "use um cartão de crédito quando o senhor passar do limite, ele não é debitado imediatamente."

"Mas eu não passei do limite!", defende-se Ricardo. "O aparelho está doido."

"Posso tentar?", diz o homem e insere o seu cartão.

No "Rosa Branca", Nivaldo, o cliente em potencial, está sentado diante do peito de vitela e se pergunta onde foi parar o seu anfitrião. Mas, se Ricardo sair de cena agora, sem esperar o resultado da tentativa, o homem atrás dele vai ter confirmada a sua suspeita de que ele ultrapassou o limite da conta. Ricardo, portanto, fica numa espera angustiante até que o homem saca e conta a humilhante soma de quatro mil e quinhentos francos, distanciando-se com a observação: "Tecnicamente, parece que está tudo em ordem".

Por um momento, Ricardo pensa em se deixar atropelar por um carro e ficar levemente ferido. Esse seria um bom motivo para não voltar ao "Rosa Branca". Mas ele rejeita o plano imediatamente. Como iria explicar a circunstância de ter deixado o restaurante?

Bem calmamente ele vai voltar e dizer: "Esqueci de que aqui não aceitam cartão de crédito e fui sacar um pouco de dinheiro no caixa eletrônico, e agora ele reteve meu cartão porque eu não consegui me lembrar da senha".

Excelente história para alguém que quer impressionar um cliente em potencial!

A alguns passos do “Rosa Branca”, Ricardo tem a idéia salvadora. Para que ele tem um celular? Vai ligar para a secretária e ela pegará um táxi com um envelope contendo mil francos. Como foi que ele não pensou logo nisso?

Deixa tocar o número direto de sua secretária até soar o sinal de ocupado. Então, tenta com Oto, depois com Caio. Este atende com um “Querida?”. Soa como se estivesse mastigando seu hambúrguer de tofu.

Caio viu a secretária de Ricardo há cinco minutos no restaurante dos funcionários. Vai ver se ela ainda está lá. Ela deve retornar a ligação? Não, responde Ricardo, ele vai esperar.

E, enquanto espera, ele pensa no que vai contar para Nivaldo para que este não pense que ele passou o tempo todo no *toilette*.

Ele inventa e rejeita quatro histórias, até que, finalmente, sua secretária atende. Ele lhe explica a situação e volta aliviado para a mesa. Conta para o irritado Nivaldo que, no caminho de volta do *toilette*, seu celular tocou. Um cliente com um problema. “Essa é a desvantagem quando se vive de acordo com o lema: os problemas dos clientes são assunto para o chefe.”

Ricardo se recosta, orgulhoso de como, a partir de uma desculpa, ele criou um argumento de venda.

Então, uma voz atrás dele exclama: “Ah, então deu tudo certo com o caixa eletrônico!”

A gaveta do horror

O escritório de Emílio parece uma sala-modelo em uma exposição de móveis para escritório. Nada indica que nele trabalha um ser humano, com exceção de uma faxineira que aparece duas vezes ao dia.

Mas essa impressão engana. Trabalha-se, sim, no escritório de Emílio, por mais tempo do que na maioria dos outros escritórios da divisão. E é o próprio Emílio que trabalha.

Apesar disso, Emílio não é pessoa ordeira. A imagem oferecida pelo seu escritório não se deve ao seu amor pela ordem, mas pelo seu ódio à desordem. Essa é a grande diferença. As coisas querem entrar na sua consciência pelo fato de não estarem em seus lugares. E essas coisas estão pendentes.

Emílio tem pendências, e elas são, simplesmente, a personificação da desordem. Precisam ir embora, sumir, desaparecer. É isso que move Emílio. Com isso, ele passa as suas horas e as horas extras.

Se alguém pensa que Emílio cria ordem ao afastar a desordem, isso, é claro, é muito conveniente para ele. Só que não corresponde à verdade. Pois ele não afasta as pendências resolvendo-as. Ele as afasta *removendo-as* do seu campo de visão.

É claro que não todas. Certas coisas simples ele assume sozinho, outras mais difíceis ele delega. Mas as coisas delicadas que só ele pode resolver desembarcam na gaveta do horror.

Esta se encontra no corpo direito da escrivaninha, acima do fichário suspenso, e é guarnecida de uma fechadura, da qual ele possui a única chave. (A outra, anos atrás, ele jogou numa construção nas proximidades do escritório, dentro de uma pequena betoneira.)

Suponhamos que uma carta-reclamação de um cliente chegue à sua escrivaninha: ela fica lá uma ou duas horas, dependendo da carga de trabalho de Emílio, perturbando o conjunto. Quando ele não agüenta mais ver a carta, Emílio a transfere para o canto da mesa. Mas, para o seu olho treinado, depois de pouco tempo, o branco esmaecido do envelope se destaca nitidamente do branco vivo do tampo da mesa.

Ele empurra, portanto, a carta para trás do monitor e a deixa lá, até arrumar a escrivaninha, ao final do dia. Então, pega o chaveiro e abre a gaveta do horror. Uma breve olhada lhe diz que os resultados negativos do teste M37, a demissão do Rodrigues, o balanço do trimestre, a candidatura do Roberto e a recusa de André continuam lá.

Ele pega a carta-reclamação relutantemente, deixa-a cair na gaveta, fecha-a e vira a chave duas vezes.

Se, antes disso, não chegar nada novo que pertença àquele lugar, por cerca de duas semanas ele não chegará perto da gaveta. Depois desse prazo, começa a contar com a possibilidade de que o conteúdo dela tenha evaporado. Para ter certeza, ele se dá mais uma semana. Então, muito cuidadosamente, abre uma pequena fresta. E mais uma, e mais uma.

E, caso haja mais alguma coisa lá dentro, ele a fecha de novo imediatamente.

Um homem busca consolo

Alessandro chega em casa mais cedo do que de costume. No jardim, Sibila e Aline brincam com crianças que ele nunca viu. Totó, o bassê, está dormindo na escadaria da frente. Quando Alessandro passa por cima dele, ele abre um olho e faz que vai abanar o rabo. A casa parece deserta.

Alessandro coloca sua pasta entre os tênis no armário do *hall* e vai pegar uma cerveja na geladeira. Sua mulher, Rafaela, está sentada na sala, curvada sobre os pés. Ela está com rolinhos de algodão entre os dedos dos pés, concentrada, passando esmalte nas unhas. Quando Alessandro entra no recinto, ela ergue o olhar rapidamente e pergunta: "Já chegou?"

"Já", responde Alessandro, sem vigor, e vai para a escada. Quando chega ao patamar, Rafaela grita: "Está tudo bem?"

"Está", murmura Alessandro, e continua subindo a escada, atravessa o corredor e vai para o seu escritório. Ele se senta à escrivaninha e toma um gole de cerveja.

Nada está bem. O pedido da Osnabrück foi para a RULAG. Três meses de intensivo trabalho de aquisição foram em vão. E, neste caso, ele tinha certeza de que ela estava no papo. Tão certo, que até mesmo deu a entender isso. O que quer dizer dar a entender? "Não quero me gabar", ele alardeou na última GL, "mas Osnabrück parece bem, parece muitíssimo bem até."

A porta se abre suavemente. Rafaela fica em pé atrás dele e põe as mãos sobre os seus ombros. "Aborrecido?"

Alessandro dá a entender que não e luta contra as lágrimas, que lhe vêm, apesar de tanto esforço.

"Osnabrück?"

Quando Alessandro faz que sim, Rafaela o puxa para o sofá que ele colocou no escritório para as longas noites de trabalho. "Conte-me."

Alessandro conta. Quando ele termina, Rafaela diz: "E daí? Uma derrota profissional, só isso".

Alessandro preferiria que tivesse sido caracterizado como um caso único e crasso de azar imerecido. Mas toda e qualquer forma de consolo é bem-vinda. "É", ele suspira, "mas, às vezes, a gente quase duvida de si mesmo."

"Que é isso!", Rafaela o anima, "até agora, você sempre superou as dúvidas."

Esse "até agora" não agrada a Alessandro. Mas ele se contenta com um duvidoso "não sei...".

"Vamos: o fracasso Alaton, a preferência por Freimüller, a perda dos projetos. Você agüentou tudo."

"Alaton não teria sido um fracasso, se a central..." – Alessandro quer objetar. Mas Rafaela continua falando: "Mesmo que agora pareça que a série de insucessos não tem fim – um dia, as coisas mudam, tenho certeza absoluta".

Alessandro sorri do modo mais agradecido possível.

"E, caso não mudem", Rafaela continua, "sucesso na profissão também não é tudo, afinal de contas. Você tem outras qualidades."

Alessandro prefere abrir mão de perguntar quais.

Miranda na diretoria

Na maioria das vezes, Miranda sai pouco antes das sete de casa. Assim, em primeiro lugar, não se perde tempo com congestionamentos e, segundo, tem-se a vantagem psicológica de já estar lá quando os outros chegam. Fortalece a autoridade. Apesar de Miranda, na realidade, não ter problema com isso. A divisão obedece. Cento e quarenta e dois funcionários efetivados, e cento e vinte e oito devem ser. Este último número, Miranda deixou vazar há algum tempo. Isso alivia o trabalho da diretoria.

E Miranda pode precisar de alívio. Muito mesmo. Administrar a própria carreira bloqueia, também em Miranda, grande parte da capacidade administrativa. Talvez uma parte ainda maior do que em outros cargos de direção. Deus sabe que Miranda não recebeu nada de graça.

Oficialmente, o dia de trabalho só começa às oito. Mas, na maioria das vezes, a assistente pessoal de Miranda chega às sete e meia. Essa meia hora extra serve ao planejamento do dia de Miranda e, segundo um acordo silencioso, não aparece nos relatórios de trabalho da assistente. Faz parte do bônus de tempo voluntário que, na opinião de Miranda, os funcionários engajados devem à empresa. Esse trabalho extra é fornecido pela divisão inteira. Ele melhora – pelo menos no papel – a eficiência dela. E, com isso, melhoram as chances de Miranda em dar o próximo passo na carreira. É tarefa dos dirigidos fazer certos sacrifícios para o progresso dos dirigentes.

Mesmo o do emprego, como no presente caso. É que a redução de catorze cargos-custo do efetivo a ser implantado tem sua origem em uma iniciativa de Miranda. Ela se impôs menos por motivos de economia industrial do que por motivos táticos. Gustavo, o mais forte concorrente de Miranda na luta pela direção da unidade, há meses exige em cada reunião de diretores de divisão um aumento de onze cargos. Apresenta relatórios de várias páginas que provam que esse representa o mínimo absoluto com o qual a divisão ainda pode funcionar razoavelmente bem. E aí vem Miranda com um conceito moderno. Vende-o como contribuição construtiva aos planos de Gustavo. Imagine só: Miranda reduz o efetivo para que Gustavo possa aumentar o seu. Uma manobra, da qual este não vai se recobrar tão rápido.

É claro que tais jogadas de xadrez não contribuem para a popularidade de Miranda junto aos cargos inferiores. Mas ninguém jamais fez carreira com popularidade junto aos cargos inferiores. O temor dos subalternos, o respeito dos colegas de mesma posição, o amor dos superiores, essa é a divisa de Miranda. Também sob este aspecto, não se distingue dos outros diretores.

Como também sob quase nenhum outro. O carro: esportivo. A roupa: clássica. Os dias de trabalho: longos. Os fins de semana: curtos. A família: estranha. As decisões: difíceis.

Miranda é um membro da diretoria como todos nós conhecemos. Com exceção de que sua aparência é um pouco diferente e talvez seu cheiro seja um pouco melhor.

E tem o prenome Iolanda.

Como vou dizer para a Anita?

Dênis volta para a sala de estar e se senta ao lado de Anita, no sofá.

"O Ian sabe ler?", ele pergunta, depois de certo tempo.

"De onde você tirou essa idéia? O Ian está com 5 anos."

"Ele acabou de me pedir para deixar a luz acesa. Ele ainda vai ler."

"Ele chama isso de ler."

"Ah, sei."

Anita dá uma zapeada na programação. Dênis enche os dois copos de vinho tinto. "Que beleza de pai", ele diz, "que nem sabe se o seu caçula sabe ler."

"Concordo plenamente", responde Anita, surpresa de ser ele a começar o assunto. No mais, esse tema é dela. "Há pouco, ele me perguntou por que ele nunca pode visitar você como o Cid visita o papai dele. Os pais do Cid são divorciados."

A piada não é nova para Dênis. Mas ele não menciona isso. A conversa está indo na direção certa. Ele abana a cabeça e suspira.

"Você tem razão, quase não dá para conciliar: carreira e família."

"Justo pra quem você diz isso", responde Anita, e continua zapeando.

Dênis toma um gole de vinho e esquece o copo na mão. "Você sabe quanto tempo faz que eu encontrei as crianças acordadas num dia de semana?"

"Cinco semanas. No dia em que você ficou gripado."

"Não é normal uma coisa dessas."

"Nos seus círculos, pelo visto, é."

"Nos meus círculos!", exclama Dênis, com desdém.

São novos tons para Anita. Ela desliga o televisor e também toma um gole. "Está tudo bem?"

"Tudo bem", confirma Dênis, corajosamente. "Só que – às vezes, a gente se pergunta: pra que tudo isso? De que adianta a carreira pra gente, se a família sofre com isso?"

Anita não precisa responder. A frase foi tomada literalmente do repertório dela.

"Sabe do que eu gostaria?", Dênis prossegue, depois de uma pausa. "Três semanas à beira-mar. Nadar, dormir, comer, ler, correr com as crianças, e assim por diante."

No "assim por diante", Dênis coloca o braço em volta de Anita.

"As três semanas não fazem parte do pacote?", ela se admira.

Agora chegou o ponto em que Dênis vai contar para a Anita o que o Sérgio lhe revelou hoje: que ele, Dênis, é a vítima da sinergia que a centralização das regiões vai exigir na administração regional leste. É claro que ele não vai formular dessa maneira. Vai dizer que a reestruturação regional finalmente está lhe oferecendo a chance de interromper a marcha e de tomar uma nova orientação. Tarde, mas não tarde demais, ele espera, ele puxou o freio de emergência e criou as condições que lhe permitem estabelecer novas prioridades.

"Anita, tenho uma notícia maravilhosa para todos nós", teria sido sua primeira frase.

Mas Anita se antecipa: "Por favor, não vai me dizer que eles te demitiram!"

As suaves qualificações do Hercílio (I)

Vestibular, Engenharia Mecânica na Faculdade de Tecnologia, MBA, experiência de vários anos em diretoria, conhecimentos D/F/E mais I, aperfeiçoamento em contabilidade, *controlling*, informática; criterioso e resoluto, de pensamento conceptual e relacional, habilidade para negociar, boa capacidade de se expressar por escrito, apto para trabalhar em grupo, ambição, persistência, flexibilidade e alta resistência são as fortes qualificações de Hercílio. Suficientes para fazer sonhar qualquer caçador de cabeças razoavelmente realista. Pelo menos, até agora.

Para determinar a taxa do seu valor de mercado pessoal, Hercílio sempre marcou presença no mercado de pessoal. Vez por outra, aceitou um novo desafio ou, simplesmente, sinalizou disposição para negociar quando vinha uma pergunta. Um homem que sabe quanto vale, comporta-se de modo bem diferente.

No contexto de determinar seu próprio valor, ele envia seus documentos, para um esclarecimento sem compromisso, a uma consultoria de recursos humanos que está à procura para o seu mandante, um renomado grupo empresarial de tecnologia e que atua internacionalmente, de um alto executivo cujo perfil exigido cai como uma luva no currículo de Hercílio.

Depois de alguns dias, ele recebe o telefonema de uma senhora Estrela, que dá a entender ser ela uma funcionária da mencionada consultoria de recursos humanos e lhe pede uma data para uma conversa. Hercílio lhe dá uma data dali a oito dias e se informa sobre o nome do seu interlocutor. "Sibila Estrela", responde a senhora, um pouco divertida.

Ao ler um artigo especializado sobre seleção de pessoal – em sua opinião, o candidato também precisa estar a par das tendências –, ele depara, alguns dias antes do encontro com a senhora Estrela, com a tese de que, nas primeiras entrevistas, as consultorias de pessoal cada vez mais usam mulheres, pois estas possuem um instinto especial para avaliar os *soft skills*.

Bem, que espantoso, pensa Hercílio, e reprime o assunto. Mas, à noite, escovando os dentes, ele se lembra da tese de novo. Antes mesmo de o *timer* de sua escova de dentes elétrica autorizar, ele cospe a pasta de dentes e limpa a boca. Então, observa a si mesmo atentamente no espelho. Tenta imaginar que não é Carlos Hercílio, mas alguma outra pessoa. Por exemplo, Sibila Estrela. Que efeito Hercílio teria sobre ela?

Se ele tivesse de descrever sua primeira impressão, diria: bom. Agradável. Um homem em cuja proximidade a gente se sente bem. Um homem que irradia uma inteligência emocional natural.

Está bem, talvez ele seja preconceituoso. Talvez tenha se ocupado demais com os outros. Ele se afasta do espelho, anda duas, três vezes pra lá e pra cá no banheiro e, inesperadamente, vira-se de novo para o espelho.

No encontro espontâneo o homem também parece simpático. Quase até mais. A expressão facial apanhada em flagrante confere à personalidade toda algo de refrescantemente juvenil, do qual a outra pessoa dificilmente pode se livrar.

Em especial, quando se trata de um homem como Carlos Hercílio, imaginando-se na situação de uma mulher como Sibila Estrela.

As suaves qualificações do Hercílio (II)

Diante do espelho do banheiro, é verdade que não havia nada a criticar na impressão de Hercílio sobre Hercílio. Pelo menos, não para Hercílio. Mas ele duvida muito que uma funcionária de uma firma de consultoria em recursos humanos seja capaz de tanta objetividade. Principalmente porque, na análise dos *soft skills* de um candidato, trata-se, pelo visto, de avaliação subjetiva. Se as pessoas estivessem interessadas em objetividade (vestibular, Engenharia Mecânica na Faculdade de Tecnologia, MBA, experiência de vários anos na diretoria, conhecimentos D/F/E mais I, aperfeiçoamento em contabilidade, *controlling* e informática), elas não precisariam mandar uma mulher.

A pergunta agora é: qual é a impressão subjetiva que ele exerce sobre Sibila Estrela? Como não a conhece pessoalmente, ele depende de sua própria imaginação (não exatamente uma *hard skill*, senhora Estrela).

Sibila Estrela – é assim que se chamam mulheres de finos lábios vermelhos e óculos de *griffe*. Aos poucos, ela vai tomando forma. Está sentada de frente para ele, atrás de uma enorme mesa de conferência que dá a impressão de ser ela minúscula, e faz um movimento que revela que está cruzando as pernas. Folheia distraidamente os papéis de candidato dele e fala do tempo. Às vezes, com uma caneta-tinteiro de edição limitada, faz um apontamento casual na sua agenda. Com base na linguagem corporal dele, ela avalia sua competência social. De sua gravata, tira conclusões sobre a tolerância dele a frustrações. Provoca-o, brincando, para obter um sentimento de sua capacidade de lidar com conflitos.

Logo, ele tem a senhora Estrela tão plasticamente diante de si, que pode se identificar com ela. (É, senhora Estrela: identificar-se com o seu oposto, Hercílio também é capaz disso.)

Hercílio, agora, é Sibila Estrela. Ele cruza as pernas e avalia o homem com toda a subjetividade. Ele aprova o que vê diante de si. Um homem de meia-idade, talvez um pouco carnudo entre o queixo e a gravata, mas isso fala a favor de sua capacidade de comunicação. É sabido que a gente se comunica melhor à mesa.

Ele está sentado em sua cadeira e parece relaxado. De vez em quando, deixa uma mão cair sobre os joelhos, seca discretamente a palma da mão na calça e a faz aparecer de novo. Às vezes, ele passa ambos os dedos médios nas sobrancelhas, com um movimento rápido e treinado. E, caso o homem transpire, não dá para sentir o cheiro. O aroma agridoce de um desodorante enche a sala desde que ele entrou.

Por um bom tempo, Hercílio, na pele de Sibila Estrela, deixa esse homem agir subjetivamente sobre si – como ele sorri, como descreve despreocupadamente os seus sucessos, como cita expressões técnicas.

E chega – de modo totalmente intuitivo – à conclusão de que, no lugar de Hercílio, ele cancelaria o encontro.

No que diz respeito ao tema, Hercílio não possui *soft skills*, senhora Estrela!

Disse o que pensava ao Celso

"Você sabe o que o Celso me perguntou? Se tenho certeza de que tenho a divisão sob controle."

"Ele disse isso?"

"Literalmente."

"Justo o Celso!"

"Foi o que eu disse."

"Para o Celso?"

"O homem não tem nem a ante-sala dele sob controle."

"Concordo plenamente".

"Como assim, a ante-sala? Nem o controle sobre si mesmo."

"Muito menos o controle sobre si mesmo."

"E alguém assim me pergunta se tenho certeza de que tenho minha divisão sob controle."

"Como foi que ele chegou a isso?"

"É o que eu também me pergunto."

"Eu não admitiria. Nem do meu chefe. Menos ainda em se tratando do Celso."

"Você acha que eu admito?"

"Não consigo imaginar."

"Se ele tiver algo concreto, que fale. Aceito críticas. Mas não: o senhor tem certeza de que tem o controle da divisão? Onde é que estamos?"

"E o que você respondeu?"

"Você bem pode imaginar."

"Com certeza."

"Quero dizer: um dia, pra mim chega. *Sorry*. Um dia, a diplomacia acaba. Tanto faz a carreira. Se a gente quiser manter um mínimo de orgulho."

"O que não é fácil com o Celso."

"Pra quem você diz isso."

"E ele deveria estar contente porque a gente sempre limpa a barra dele."

"Pra ele fazer bonito na central."

"Pra foto dele aparecer na reportagem de capa da *Internas*."

"Pra que o seu bônus de três semanas em Bora-Bora dê para dois."

"Sabe onde o Celso estaria sem nós?"

"Em lugar nenhum."

"Exatamente."

"Se nunca ninguém disser a ele o que pensa, vai acabar acreditando que é o maior."

"Acredita já faz tempo."

"Esse zero à esquerda."

"Como ele pôde chegar a isso?"

"É o que eu também me pergunto. Como é que o senhor, senhor Celso, pode me fazer uma pergunta dessas? Será que o senhor tem um motivo, por menor que seja, de fazer uma pergunta dessas? Com essa pergunta, o senhor não estaria supondo que não tenho minha divisão sob controle? É, o senhor acha mesmo que está em condições de avaliar isso?"

"Exatamente, esse é o ponto: com que foi que o homem se qualificou para poder avaliar tais fatos? Só pelo gigantesco erro de avaliação que o lançou nessa posição?"

"É o que eu digo. Senhor Celso, o senhor, um completo leigo em, sem exceção, todas as questões da empresa, o senhor, que nem está em condições de escolher sozinho entre duas gravatas, o senhor, que só de aparecer já paralisa todo o pessoal de tanto que eles dão risada, O SENHOR OUSA ME PERGUNTAR se eu tenho certeza de que tenho a divisão sob controle?"

"Você disse isso?"

"Estive a ponto de dizer."

"Bravo!"

A relevância da cor do cabo da escova

O cabo da escova de Catarina Feltner tem um aro vermelho, o de Rodolfo Feltner, um de outra cor. Verde, amarelo, azul, laranja, tanto faz: em todo caso, não é vermelho. Jamais. O cabo da escova com aro vermelho é sempre, e em qualquer circunstância, de Catarina. Também não importa se fica no suporte esquerdo ou direito do aparelho de recarga: se ele for promovido de um aro vermelho, trata-se da escova de Catarina. Também não quer dizer nada se a cabeça da escova foi ou ainda está encaixada na escova de dentes elétrica ou se está úmida ou seca: o aro é o único distintivo. Vermelho significa: tire as mãos, Rodolfo, eu sou da Catarina!

Na realidade, não era para ser tão difícil assim. Mesmo para um homem tão sobrecarregado como Rodolfo Feltner. Mesmo que, uma vez, tenha trabalhado até tarde.

Agora, pode-se objetar – e Feltner faz isso – que, depois de vinte e seis anos de casamento, não pode ser tão ruim assim quando um dos cônjuges usa a escova do outro. Talvez não fosse, se algo VERDE não tivesse ficado pendurado nas cerdas. Quando, certa manhã, a gente se esforça para sair da cama e fazer companhia ao marido no café da manhã – apesar de ele não ter passado a noite anterior com a gente –, e aí uma coisa VERDE fica pendurada na escova, então a gente perde a graça. Aí, a gente pode deixar escapar uma frase como: "Quer dirigir uma empresa e não sabe nem distinguir vermelho de amarelo!"

Provavelmente, Catarina Feltner tivesse retirado a frase se Feltner não tivesse discutido. ("Como é que você sabe que a coisa VERDE não é sua?" – "Porque ontem eu não comi nada VERDE!" – "Basta ter comido *escargot* com manteiga e ervas finas." – "Diga apenas que você comeu *escargot*!" — "Como é que eu vou saber qual é a minha escova se toda vez ela for de outra cor?" – "A sua é sempre a não vermelha!")

Se Feltner não tivesse discutido, Catarina não teria se trancado no quarto e Feltner teria chegado ao escritório em ponto e relaxado. Mas, assim, ele chega furioso, com vinte minutos de atraso, e é esperado na sala de reuniões por Genésio e Silas, que, irrepreensíveis, não fazem caso do seu atraso.

Era só o que faltava, Genésio e Silas fazerem caso do seu atraso, como se tivessem escolha!

Ele acompanha, enojado, a apresentação do novo conceito estratégico dos dois, que culmina com a recomendação de comprar a BOWAG, uma empresa de fornecimento de médio porte que cabe de modo excelente na estratégia da empresa. Nada especialmente original. A coisa está praticamente decidida e é esperada há algum tempo pela bolsa de valores.

Mas Feltner está tão aborrecido, que passa um sabão nos dois como se fossem colegiais e anula a aquisição.

Quando a bolsa fica sabendo da brusca mudança de estratégia, as ações da empresa de Feltner desabam.

Desde então, Feltner nunca mais usou a escova com o aro vermelho.

Uma pane de fusão de setores

É claro que Waldir nunca admitiria: mas naquela época, quando a questão era se ele mudaria para a RTC, Aécio já tinha uma certa importância. Ele também tinha outras propostas. Melhores, como achava sua mulher, Mariana. E Nemésio, seu antigo empregador, também tinha uma proposta quando se tornou público que Waldir estava à procura de uma colocação.

Mas Waldir tinha se decidido pela RTC. "Após refletir profundamente e fazer considerações a médio prazo", como ele frisava. É duvidoso se, sem Aécio, ele teria decidido da mesma forma.

Na eterna lista de Waldir das pessoas mais odiadas do planeta, desde o colegial Aécio ocupa incontestavelmente o primeiro lugar. Há muitos motivos para isso, um melhor do que o outro. Um dos melhores se chama Miriam Schürer, que, por algum tempo, quase foi namorada de Waldir, antes de ser de Aécio. Mas Aécio também deve seu primeiro lugar ao seu afetado francês de pessoa bilíngüe, com o qual ele o humilhava na aula de francês, ou o modo arrogante com que disse "Ah, sapatos novos", quando Waldir, certo dia, também foi à escola com um par da marca Timberland.

Após o vestibular, Aécio escolheu a mesma Escola Superior de Comércio que Waldir, e o modo como ele se gabava lá tornou definitiva a posição na escala de impopularidade de Waldir. Mesmo quando, após a conclusão do curso, ele o perdeu de vista e outros idiotas se seguiram, Aécio manteve sua posição como eterno valor de referência.

E foi com esse Aécio que Waldir topou, naquela ocasião, no organograma que o assessor de pessoal da RTC lhe deixou, junto com outras bases decisivas. A saber, um degrau abaixo da posição oferecida a Waldir. Ele não pôde resistir à tentação de ser o superior de Aécio, mesmo que, a princípio, só indiretamente. Para isso, também teve de aceitar uma temporária perda de salário. Pois, e agora chegamos ao decisivo raciocínio a médio prazo, em tempo determinável, ela seria compensada pela planejada fusão do setor ao qual Aécio pertence com o setor que Waldir dirige. Uma questão de lógica estrutural, como o assessor de pessoal denominou acertadamente.

Waldir nunca saboreou sua superioridade hierárquica. Pelo contrário: nos poucos encontros que superpunham os setores, ele a diminuiu claramente para Aécio. Não queria deixá-lo ressabiado antes da fusão. Queria o homem vivo.

Waldir empregou grande parte de sua atividade fornecendo argumentos à direção da empresa para levar adiante a liquidação da estrutura. Tudo seguia conforme o previsto. Quando o superior de linha de Aécio, por precaução, foi promovido e Aécio assumiu interinamente a direção do setor, Waldir interpretou isso como sinal certo de que era iminente o dia da fusão de setores. Ele acabou tendo razão.

Hoje, a direção da empresa anunciou que o setor de Waldir será integrado ao setor de Aécio.

O que aconteceu com o Tomás

Guilherme se inclina sobre a mesa e pergunta baixinho: “Você ouviu o que aconteceu com o Tomás?”

Hélio também se inclina um pouco: “O quê?”

“Assédio sexual.”

“Tomás!” A exclamação de Hélio saiu um pouco alta demais. Algumas cabeças no local se viraram. “Tomás?”, ele sussurra. “Por quem?”

“Sua secretária.” Guilherme observa o efeito da bomba.

“Aquela bonita?”

Tomás faz que sim. “A Margarete.”

“A Margarete!” de novo, alto demais. Mais baixo: “A Margarete assediou o Tomás sexualmente? Não me venha com besteira!”

“Não ela a ele. Ele a ela. Ela o denunciou.”

“Então, por que você diz se eu ouvi o que aconteceu com o Tomás, se o que aconteceu foi com a Margarete?”

“Aconteceu com os dois. Com ela, o assédio; com ele, a denúncia.”

“Ela deu queixa?”

“Não oficialmente. Ela comunicou ao Benjamim.”

“E você chama isso de não oficialmente? Ela já pode pregar cartazes nos elevadores.”

“Não, ele está tratando do assunto muito discretamente.”

“Ele contou para você.”

“É, mas *off the records*.”

“E você conta pra mim.”

“Também *off the records*. Se os americanos souberem, Tomás está acabado.”

“Não consigo imaginar o que vão fazer com ele se descobrirem. Os americanos não sabem lidar com isso.”

“Não no caso de assédio sexual. *No way*!”

Hélio inclina-se mais um pouco e sussurra: “O que foi que ele fez?”

“Xixi”, cochicha Guilherme, “de porta aberta.”

“Continue!”

“Fez xixi de porta aberta. Acabou.”

“E por causa disso a Margarete se sentiu sexualmente assediada?”

“Não foi a primeira vez.”

“Mas isso não é suficiente para um assédio sexual.”

“Para os americanos é.”

“Aí você tem razão, com certeza. *Let's face it*: ele está pondo em risco a promoção a diretor da divisão.”

“Plínio iria gostar.”

“Ele iria louvar cada dia em que Tomás esqueceu de fechar a porta.”

“Exatamente como Itamar.”

“Com certeza, ele iria cair também.”

“Imagine só: perder a direção da divisão só porque você é preguiçoso demais para fechar a porta quando vai fazer xixi.”

“Caso eles se dessem por satisfeitos com isso.”

“Você quer dizer que eles poderiam – demiti-lo?”

“Em caso de assédio sexual, os americanos são implacáveis.”

“Então, Itamar seria o sucessor de Tomás.”

“E Irineu, de Itamar.”

“E Porter, de Plínio.”

"E você, de Irineu."

"E você, de Porter."

Os dois trocam um olhar.

"Caso isso chegue aos ouvidos dos americanos", sussurra Guilherme.

"Caso", sussurra Hélio.

Toledo e Reginaldo

Outras pessoas têm modelos por quem são guiadas, ídolos por quem são inspiradas, tipos ideais por quem são motivadas. Toledo tem Reginaldo, esse cara infame.

Toda manhã, quando seu relógio interior o tira do sono antes do despertador, Toledo é tentado a se virar mais uma vez. Mas, então, é impelido para fora da cama pelo pensamento de que Reginaldo possa já estar de pé. Não que Reginaldo esteja em alguma relação direta de concorrência com ele. Mas a idéia de se encontrar em estado de semiconsciência entre o despertar e o sonho, enquanto Reginaldo, eventualmente, já está concentrado, não o deixa continuar dormindo.

Assim que Toledo sai da cama, mudam os indícios. Ele se barbeia com a consciência de que, em volta da fuça de Reginaldo, ainda viceja a grisalha barba por fazer. Toma banho com a certeza de que Reginaldo ainda está deitado no suor do seu sono intranqüilo. Ele se penteia com o sublime sentimento de que em Reginaldo não há muito mais para se pentear.

Quando, ainda cedo, Toledo dirige o carro ao longo das silenciosas residências do seu bairro, está em vantagem em relação a Reginaldo, esse cara, ao qual ele não pensa mais em renunciar o dia todo.

Se ele o tivesse visto agora, guiando seu BMW pela garagem subterrânea vazia e estacionando no "DI" de "DIREÇÃO", a cinco metros da entrada dos elevadores, iria se morder com facilidade no lugar em que outras pessoas, de melhor estatura, têm uma bunda, pensa Toledo, sorrindo maldosamente. Não, Reginaldo, seu derrotado, não é no segundo, nem no terceiro, nem no quarto, nem no quinto, nem no sexto, nem no sétimo, nem no oitavo, nem no nono, é no décimo que Toledo desce, ele murmura, como faz toda manhã no elevador.

Nos minutos até chegar a sua ante-sala (minha ante-sala, Reginaldo!), Toledo se entusiasma. Ele apanha seu dossiê de imprensa na gaveta particular e o põe diante de si sobre o tampo de vidro verde-pálido da mesa. Folheia os primeiros *clippings* – pequenas notícias da empresa, promoções, trechos de registros comerciais, artigos do jornal da empresa. Só em um artigo do ano de 1987 é que ele se detém. A página sobre gente famosa de um jornal de economia falando sobre um torneio de golfe de celebridades. Em um dos dezoito instantâneos, Toledo está sorrindo para a câmera. É verdade que somente com o responsável pelos financiamentos do grande banco que promoveu o evento, mas com a legenda "... com Roberto Toledo, o homem que promete da P+H".

Toledo lê várias vezes a legenda com os olhos de Reginaldo e saboreia o modo como ela o aniquila. Então, continua folheando. Mentalmente, confronta Reginaldo com suas quatro citações sobre diversificação, grifadas com caneta amarela fosforescente; aflige-o com o retrato em grupo da nova diretoria da P+H e o tortura com sua entrevista de meia página no *Folha Comercial*.

Assim estimulado, Toledo começa sua jornada de trabalho.

Bom Deus, me mantenha o Reginaldo com saúde.

A ligação ferroviária mais curta (I)

O seminário em St. Moritz e o encontro logo em seguida em Brig – essa não é exatamente uma realização organizatória magistral. Mas Elias é um empresário bem disposto, e sua assistente, uma experiente planejadora de viagens.

"A ligação ferroviária mais curta passa por Disentis. Seis horas e vinte minutos", ela tinha explicado. "Passando por Interlaken, o senhor viaja uma hora a mais."

É verdade que isso pareceu um pouco demorado a Elias, mas a perspectiva de, por seis horas, poder pôr as pendências em dia sem ser perturbado era tentadora. "Há lugares com mesas?"

Pouco tempo depois, sua assistente chegou com a informação de que lá só há lugares com mesas. Ela reservou quatro assentos, para que ele tivesse uma mesa só para si.

O seminário revelou-se cansativo. Especialmente a noite de encerramento, seguido de um último drinque noturno no bar. De manhã, quando Elias acompanha o motorista do hotel até o micro-ônibus, é recebido por um dia ofuscante. Nem uma nuvenzinha minimiza o sol da montanha. Ele vai se dar ao luxo de cochilar a primeira hora atrás da persiana.

"Número do assento?", pergunta o motorista na estação, ao tirar a bagagem do porta-malas. Elias lhe mostra um dos quatro bilhetes com lugar marcado. O motorista faz que sim e se dirige com a mala e a capa de proteção para roupas para um vagão que parece um gigantesco caixão da Branca de Neve.

“Não, não, tenho uma reserva para a primeira classe com mesa”, explica Elias.

“É tudo primeira classe. É tudo com mesa. É tudo com vista panorâmica.”

De fato: até onde a vista alcança, os mesmos descomunais vagões envidraçados como cúpulas protetoras de fortalezas voadoras.

A mesa de Elias não é difícil de achar. É a única livre. Ele se senta com dificuldade atrás da mesa. Imediatamente, fica claro que não vai dar nem para pensar em dormir. Não é possível mudar o assento de lugar, talhado para a anatomia da mais delicada dessas japonesas, que, sob estranhos bonés com pala, olham ansiosamente através das vidraças panorâmicas.

Elias coloca sua maleta na mesa e tira dela uma pilha de correspondência e seu ditafone. Um casal mais velho com um jovem gordo passa pelo corredor, procurando. “Sempre tem alguns que fazem reserva e depois não vêm”, diz a mulher ao passarem pelo lugar de Elias.

É verdade que Elias possui a capacidade de, quando trabalha, se desligar de tudo à sua volta. Apesar disso, fica contente que sua assistente tenha tido a esperta previsão de comprar os quatro bilhetes com lugar marcado. Ele pega a carta de cima da pilha. Uma recusa atrasada a um escritório de engenharia, ao qual ele tinha pedido um orçamento de concorrência. Leva o microfone para junto da boca e começa a ditar com voz abafada.

Dos alto-falantes, uma voz cumprimenta os passageiros pela viagem iminente no *Glacier-Express*. Em alemão, francês, inglês e japonês. Elias rebobina o ditafone. Quando recomeça a ditar, a voz de uma senhora mais velha pergunta: “Este lugar está livre?”

A ligação ferroviária mais curta (II)

"Este lugar está livre?", pergunta de novo a voz feminina. Elias ergue os olhos, irritado. Diante dele, de modo repreensivo, está o casal mais velho com o jovem gordo.

Elias murmura algo ininteligível e aponta para os números de assentos acima dele. Em todos os quatro há um bilhete onde está impresso "St. Moritz-Brig". Ele se concentra de novo em sua correspondência e registra, pelo canto do olho, que eles se retiram.

Mas uma sensação lhe diz que o perigo ainda não passou. Ele ergue os olhos e, de fato: os três estão na entrada, olhando para ele.

Elias não pensa em ceder nem mesmo um de seus bilhetes. Leva seu aparelho para junto dos lábios e dita: "Recusa InConsult. Prezado Senhor, etc. pp. Só agora me foi possível..."

Com um solavanco, o trem começa a andar. Uma voz ao microfone prepara Elias para uma viagem grandiosa sobre o teto da Europa, no mais vagaroso trem expresso do mundo. Em 270 quilômetros, por 291 pontes e através de 91 túneis atravessando os Alpes, ao longo dos impressionantes vales estreitos do Reno e do Rhone, ele vai passar por uma das maiores regiões dos Alpes no *Glacier-Express*.

Enquanto Elias interrompe o seu ditado para o aviso em alemão, francês, inglês e japonês, o bilheteiro entra no vagão panorâmico. Talvez, passa pela cabeça de Elias, exista alguma prescrição que proíba um passageiro de reservar mais do que um assento.

Talvez o bilheteiro disponha de algum meio coercivo da polícia da ferrovia com o qual Elias possa ser obrigado a desocupar os seus assentos para os três que agora estão conversando com o bilheteiro e olhando para ele.

Elias decide mostrar só um dos seus quatro bilhetes com lugar marcado, para, assim, deixar em aberto a possibilidade de que os outros três subam em Celerina, Samedan ou Preda.

"O senhor está sentado no lugar errado", diz o bilheteiro, "seu bilhete é para o assento em frente."

"Eu viajo sentado para a frente", resmunga Elias.

"A partir de Chuf, o senhor viajará novamente sentado para a frente." O bilheteiro espera impassível até que Elias tenha se sentado, com dificuldade, *vis-à-vis*. Então, ele acena para os outros três virem. Antes que Elias possa protestar, o casal se senta também com dificuldade nos assentos em frente. O filho gordo se espreme para se sentar ao lado dele.

"Sempre existem aqueles", diz a mulher, "que fazem reserva e não vêm."

"Economizamos 27 francos", diz o filho, ofegante. O homem não diz nada.

Elias coloca o maço de correspondência pendente na maleta aberta e a puxa para diante de si. Então, segura o ditafone na frente da boca. "Recusa InConsult. Prezado Senhor etc. pp. Lamento que por tanto tempo..."

"Puxa vida!", grita o filho, empurrando o cotovelo de Elias completamente para fora do braço do assento e apontando para a locomotiva, visível bem à frente numa curva. "A Ge 4/4 III nº 641, essa eu também tenho."

"É, é", murmura Elias.

"Ah, o senhor também faz ferromodelismo?", pergunta o jovem gordo.

A ligação ferroviária mais curta (III)

"Não, não faço ferromodelismo", responde Elias, indignado. Ele tenta se concentrar de novo na carta-recusa à InConsult, a primeira de 32 cartas que ele pretendia ditar durante as seis horas e vinte minutos de viagem de trem de St. Moritz a Brig.

"Eu tenho também a locomotiva a vapor RhB G 4/5 108 e a locomotiva crocodilo RhB 411", revela o jovem gordo. Elias se cala.

"E, é claro, também o vagão-panorâmico BVZ 2014. Duas peças, inclusive. E o vagão-restaurante RhB WR 3814."

Inflexível, Elias fica calado.

"O senhor conhece o vagão-restaurante RhB WR 3814?", o jovem pergunta.

Sem erguer a vista, Elias murmura: "Como eu já disse, não faço ferromodelismo".

"Então, posso recomendar o jogo inicial RhB trem Bernina: vagão automotriz do trem Bernina, um vagão panorâmico com passageiros, um vagão de segunda classe, um vagão de carga, 350 francos. Esse, o senhor pode, então, ampliar passo a passo. Foi assim que eu comecei."

"Não vê que você está incomodando o senhor, Caio?", diz a senhora *vis-à-vis*. Elias a presenteia com um sorriso agradecido, de que ele logo se arrepende. "É que ele é louco por trens", ela suspira.

"Por bem mais de sete mil francos de locomotivas, litorinas e vagões", completa o pai.

"Mais de oito mil", corrige Caio. "Só para as locomotivas, litorinas e vagões, sem falar nos trilhos, desvios de trilhos, pontes, estações, suportes para os modelos etc."

Elias leva o seu ditafone para junto da boca e murmura: "Recusa à InConsult. Prezado Senhor etc. Infelizmente, minha agenda só agora me permite..."

"Mas no viaduto Landwasser o senhor tem que olhar para fora. 196 metros de comprimento, 55 metros de vão do arco principal, 88 metros de altura sobre o Landwasser."

"Não vê que o senhor está telefonando?", a mulher o repreende. E para Elias: "Às vezes, não dá para acreditar que ele já tem 28 anos."

"Telefonando?" Caio dá uma cotovelada em Elias e cai numa gargalhada histérica. "Telefonando?", o pai de Caio agora se junta à gargalhada.

Elias sente-se obrigado a esclarecer para a mulher. "Isto é um ditafone, não um telefone."

Agora, a mulher também começa a rir. "Um ditafone", ela diz, ofegante. "E eu que pensei que fosse um telefone! Porque o senhor falou nele... como num telefone!"

A risada dos três tem um efeito contagiante sobre os passageiros japoneses. Sob risinhos, bufadas e gargalhada geral, o vagão panorâmico trepida através do túnel Albula. Só Elias fica sério. Ele berra algo incompreensível no seu ditafone.

A gargalhada é substituída por um selvagem repicar de sinos. Uma mulher vestindo uma camiseta do *Glacier-Express* e um boné jeans do *Glacier-Express*, toda enfeitada com sininhos de vaca do *Glacier-Express*, empurra um minibar cheio de *souvenirs* do *Glacier-Express* pelo corredor.

"Devo perguntar se ela tem o jogo inicial do trem Bernina RhB?", o jovem gordo pergunta para Elias.

O dilema do Borges

Enquanto Elias quase se desespera lá em cima, no teto da Europa, no vagão panorâmico do trem expresso mais vagaroso do mundo, lá embaixo, no vale, um certo Borges luta com a talvez mais difícil decisão de sua carreira.

Há meio ano, Borges é responsável pela direção da IT, entre outras coisas. É verdade que ele não entende nada de informática, mas isso também vale para Bernardo, que queria, naquela época, se apoderar de qualquer jeito do cargo. Como se já não se exigisse demais dele.

Naquela ocasião, na decisiva reunião da diretoria, interessava menos a Borges ficar com a direção da IT do que impedir que Bernardo se apropriasse dela. É verdade que se poderia conseguir isso também se ele tivesse apoiado a candidatura do Silas. Mas este tinha a desvantagem de entender um pouco de informática. Coisa que poderia se tornar perigosa para Borges.

Portanto, para a reunião, ele aprendeu algumas expressões técnicas – manutenção pró-ativa, *helpdesk support*, *controlling* da IT, disponibilidade do sistema – e, com elas, driblou Bernardo. Com isso, ganhou a simpatia de Silas, que interpretou mal esse fato como se fosse uma tomada de posição a seu favor. Um erro que ele só percebeu quando já era tarde demais e Borges era diretor da IT.

Borges, portanto, ainda pegou a carga da direção da IT e recebeu uma oferta de concorrência de três consultorias da IT. A melhor solução, como ocorre com freqüência, foi também a mais cara. Ela custou 260 mil francos por ano e consistia de um especialista em informática chamado Pires, que a firma de consultoria vencedora pôs à disposição *in house* a 80 por cento. O homem recebeu um escritório apropriado, as competências necessárias e se reportava regularmente a Borges.

A solução foi ideal. Borges se perfilava também no âmbito da IT como homem dos sete instrumentos, tinha levado o perigoso Silas a ser demitido e se desembaraçado por algum tempo de Bernardo.

E, agora, isto.

Borges acabou de arrumar sua escrivaninha e já vai tirar o sobretudo do armário, quando Pires bate à porta do escritório. "Desse jeito, o senhor nunca vai baixar para os seus 80 por cento, senhor Pires", Borges sorri, "se ficar andando por aí como um fantasma a esta hora."

"Eu vi que a luz aqui ainda estava acesa e pensei... Já faz tempo..." Demora um bom tempo até o homem chegar ao ponto. Que é do seguinte teor:

Ele ficou sabendo que a firma de Borges paga anualmente ao empregador dele 260 mil francos por 80 por cento dos seus serviços. Ele, Pires, ganha 140 mil francos por ano. Estaria disposto a ser contratado diretamente por Borges, fixo, por 100 por cento, por, digamos, 160 mil por ano.

Borges agradece a conversa e promete pensar a respeito.

E, agora, faz horas que ele está sentado, pensando em como é que vai dizer para esse paspalho por que ele pode se permitir a qualquer hora um consultor externo por 260 mil francos, mas, nunca na vida, um subalterno que ganhe 11.400 francos a mais do que ele.

O que é bonito no "Rosa"

O "Rosa" não aparece em nenhum guia de restaurantes, pois o cozinheiro exagera nos condimentos. Apesar disso, o local é um popular ponto de encontro para almoços de negócios. Possui uma atraente carta de vinhos e fornece, a pedido, contas não detalhadas.

Para Raul, ainda há um motivo mais importante para ele se sentir bem no "Rosa": eles o conhecem e o tratam pelo nome. Isso não é natural. No "Rosa", só pessoas importantes são tratadas pelo nome, ou aquelas que mereceram esse privilégio através de fidelidade, regularidade ou gorjetas altas. Raul pertence mais à segunda categoria. Mas, para o observador não iniciado, não é óbvio se um cliente é tratado pelo nome pelo primeiro ou pelo segundo motivo.

De vez em quando, Raul precisa disso, ser visto como importante por gente de fora. É verdade que ele não é um desconhecido no ramo, mas o próprio ramo (consultoria organizacional) leva uma vida consideravelmente despercebida do público. Ele age amplamente nos bastidores, pois nenhuma empresa gosta de admitir que depende de auxílio externo em questões de organização.

Apesar de Raul não ser qualquer consultor organizacional, mas o proprietário da firma de consultoria organizacional Raul & Sócio, com mais de quarenta funcionários, seu renome não vai muito além das fronteiras do ramo.

Esse déficit em celebridade é sempre compensado por uma hora e meia no "Rosa". "Bom dia, senhor Raul, a mesa do aquário está livre; senhor Raul, hoje temos *pastetli*; para beber, o de sempre, senhor Raul?"

Raul chegou mais cedo do que de costume. Está sentado sozinho à mesa do aquário, comendo uma salada verde um pouco murcha e lendo o jornal.

Do outro lado do aquário, sentam-se dois senhores. Raul registra, sem dar muita atenção, que eles pedem *filet de perche*. Ele não presta mais atenção à conversa, até que, de repente, soa o nome Raul.

"Fizemos uma oferta contra o Raul, mas sou otimista. Temos a soma global de honorários mais vantajosa."

Raul se retrai para trás do jornal e aguça os ouvidos. Deve ser alguém da Orgconsa, seu último concorrente ao talvez mais importante trabalho de consultoria do ano.

"Onde vocês estão, aproximadamente?"

De longe, Raul vê Laís, a garçonete mais antiga e ruidosa, vindo ao encontro dele com uma bandeja.

"Mas guarde isso para si."

Laís se aproxima. Logo, ela vai dizer: "Seu escalope de corça, senhor RAUL!"

"Nós, realmente, calculamos de modo aproximado e..."

Raul não vê outra alternativa, a não ser estender a palma da mão para Laís, como um policial. Pare!

"... em suma, a uma soma global mensal de..."

Laís depõe a bandeja três mesas adiante e grita através do restaurante:

"Estarei logo aí, SENHOR RAUL!"

Um poema didático da consultoria de pessoal

O setor de recursos humanos é, notoriamente, um dos mais sensíveis na ampla gama de setores sensíveis do campo de ação do empresário. Por isso, a oferta de consultoria externa nesse setor também é especialmente abundante. Uma circunstância que um homem que pensa comercialmente como Conrado sempre sabe aproveitar. Portanto, também no caso de Xavier.

Jacó Xavier, 47 anos, está há quinze na Calvag e, nesse período, chegou até a posição de gerente de vendas. Uma função que, para satisfação geral de todos os envolvidos, ele exerce há quase seis anos.

Leocádio, igualmente gerente, durante quase três anos teve a administração sob sua direção e recebeu de uma empresa concorrente uma oferta a que não pôde resistir: a gerência de administração e vendas.

A concentração de administração e vendas sob a mesma gerência era, desde a nova solução por processamento de dados eletrônico, um passo que se impunha também na Calvag. O motivo pelo qual Conrado tinha hesitado era Xavier. Do ponto de vista do tempo de serviço, teria sido ele o escolhido para assumir a direção dos setores incorporados. Mas Conrado tinha a impressão de que Xavier não era capaz para essa tarefa. Na verdade, ele tinha previsto Leocádio para ela. Este não estava disposto a voltar a falar de sua decisão, mas concordou em, por enquanto, ocultar sua demissão para dar um pouco de tempo para Conrado regularizar a sucessão.

Esse foi o momento em que Cesário entrou no jogo. Cesário era um dos muitos consultores de pessoal que cuidavam da Calvag. Conrado o chamou e lhe pediu, à guisa de teste, que encontrasse um gerente para a divisão de administração e vendas. Cesário aceitou as condições especiais de Conrado, considerando a provável relação comercial a longo prazo, e começou a trabalhar.

Pouco depois, Conrado recebeu Floriano, também um dos consultores de empresas que há tempos faziam a corte à Calvag. Passou a ele a incumbência de corromper Jacó Xavier. Também à guisa de teste e, igualmente, sob condições especiais.

O ramo em que a Calvag atua é pequeno e especializado. Ele não dispõe de muitos candidatos para a vaga de Conrado. E tampouco dispõe de muitas vagas para as qualificações de Xavier. Cesário e Floriano logo se viram sob pressão, pois Conrado lhes dera pouco tempo para solucionar o teste. Assim, ocorreu de eles fazerem algo incomum para a difícil situação de concorrência no ramo deles: falaram com um concorrente sobre uma de suas incumbências. É claro, sem revelar detalhes ou a identidade de seu cliente. Mas de modo suficientemente concreto a ponto de ele saber que um tinha uma vaga a ser preenchida, para a qual o outro tinha o candidato ideal ao alcance.

O teste de Conrado não levou, para Cesário e Floriano, a uma relação comercial a longo prazo com a Calvag.

Em contrapartida, para Jacó Xavier, 47 anos, sim.

O *halloween* do Amorim

Amorim precisa, pelo menos uma vez ao ano, de uma dose de Estados Unidos, senão ele entra em crise de abstinência. A amplidão, a imensidão, o céu, a informalidade, *the way of life, hell* – sem isso, ele morre sufocado.

Em Basten, Massachusetts, Amorim percebeu que, no fundo, ele é americano. Foi fazer um curso de extensão lá, na Harvard Business School in General Management, e percebeu imediatamente: *this is my world*. Depois das duas primeiras de oito semanas no campus quase vazio (o curso se realizou durante as férias semestrais), ele já sonhava em inglês. E faz isso ainda hoje.

Desde Harvard, Amorim tem tido cada vez mais dificuldade para se ambientar na mentalidade européia. Por isso, buscou a proximidade de empresas americanas e a encontrou. Seus empregadores perceberam imediatamente que a química combinava. O mesmo *matter of fact approach* quando se trata de negócios, a mesma cordialidade na vida privada. E, é claro, a mesma língua. Quando Amorim fala com o *head office*, ninguém de fora adivinharia que ele cresceu na Alemanha, de tão macias que são suas consoantes, como *marshmallow*.

Essa afinidade com os *States* também se manifesta, é claro, culturalmente. Os Amorim enviam, ao ano, mais de cem cartões no dia de São Valentim e, por várias semanas, expõem aqueles que recebem sobre o bufê. No dia de Ação de Graças, eles convidam dez casais selecionados para comer peru. O recheio de Cristina (Crissie) é famoso.

Quase lendárias são as festas de *halloween* de Amorim. Por isso, ele não fica surpreso quando Ross G. Cutler, *international controller* do *head office*, anuncia sua visita para o dia 31 de outubro. O motivo oficial é alguma questão organizacional.

A festa já começou quando Ross chega. Está usando a fantasia de caveira e a serra de plástico que Amorim arranjou no hotel. Ele diz: "*I'm coming to take you away, away, huhu, haha*". E Amorim, em sua fantasia de bruxa – três dentes, seis verrugas, nariz adunco, vassoura –, finge ficar terrivelmente assustado. Os dois não se agüentam de tanto rir.

Ross entalha uma abóbora como só um americano sabe fazer e ganha o primeiro prêmio, uma bruxa numa vassoura. Então, ele dança com Crissie (vampira) as músicas "*Season of the witch*" e "*Burning down the house*". A seguir, participa entusiasmado do "*bobbing for apples*", em que se trata de, sem usar as mãos, pescar uma maçã de uma travessa cheia de água. Ele ganha, molhado até os ossos e urrando de satisfação.

Mas só ocorre uma real proximidade ao se enrolar a múmia. Primeiro, Amorim envolve Ross com um rolo de papel higiênico; a seguir, Ross envolve Amorim. Essa abolição brincalhona de distâncias hierárquicas só os americanos sabem fazer.

A proximidade pessoal deles na manhã seguinte ainda é nitidamente sensível, quando Ross comunica a ele, num breve encontro na sala de reuniões, o motivo de sua vinda: o *head office* decidiu separar-se imediatamente de Amorim.

Assis salva a GERWAG

Nos últimos anos, a GERWAG teve um pouco de azar: primeiro, o moroso processo de amortização do acionário majoritário, há muito apto a se aposentar, então a incorporação da – como se verificou posteriormente – sucateada Sysnova e, logo depois, a ação de devolução da série do modelo *Millenium* devido a um defeito do material. Tudo isso custou muito capital. Sob pressão do representante do *Hausbank* no conselho administrativo, o delegado recebe uma compensação e é substituído por um certo Assis.

Na verdade, Assis tem, a longo prazo, outros planos além de sanar uma empresa de médio porte com sede no leste da Suíça. Mas, a médio prazo, a oferta não se presta mal no plano de sua carreira. Principalmente porque a GERWAG, por motivos táticos, transfere o cargo ao representante do *Hausbank*, o qual, como a maioria dos banqueiros, é fácil de impressionar com altas somas. Mesmo que, como no caso de Assis, se trate de exigências salariais.

Além do salário anual, Assis recebe facilmente, por três anos, um bônus que independe dos resultados (será que ele deve sofrer devido ao ônus que herdou de seus predecessores?), uma BMW da empresa também para sua esposa (será que ela deve levar as crianças à escola num táxi?), um suplemento de representação de 5 mil francos ao mês além dos 6 mil francos de aluguel da mansão um tanto virtuosa de um industrial (18 minutos de carro até a sede), o pagamento de todos os custos da mudança (inclusive os consertos e as cortinas), uma soma global mensal de despesas de 8 mil francos (será que ele tem de colecionar contas como um caixeiro viajante?) e uma margem de decisão adequada também no que diz respeito às despesas.

Assis assume o emprego com grande comprometimento. Convida os altos funcionários com as esposas para um fim de semana de boas-vindas no Palace St. Moritz, a fim de olhar atrás da fachada profissional de sua equipe. A seguir, ele faz uma viagem pela Europa, Estados Unidos e Ásia, a fim de obter uma primeira visão de conjunto do ramo. Então, encarrega uma ilustre empresa de consultoria de uma ampla análise de mercado, e – depois que os resultados dela não demonstram concordância com suas próprias impressões – uma segunda, que se aproxima um pouco mais do assunto.

Ele pede que um instituto líder em pesquisa de mercado examine o perfil da firma GERWAG. Os resultados são tão impressionantes que ele convida várias agências do país e do exterior para lhe fazerem, numa representação de concorrência paga, sugestões para uma campanha da imagem da empresa, principalmente na televisão.

Tudo isso, mais uma série de cursos empresariais internacionais de alta qualificação (um empresário, que não aprende coisas novas, torna-se inútil), faz o seu dia durar catorze horas. Sem incluir as aparições públicas, às quais o obriga o assessor de Relações Públicas, que ele contratou para cuidar da presença regular da GERWAG, portanto de Assis, na mídia.

Isso, depois de meio ano, leva a uma oferta de emprego realmente interessante do principal concorrente da GERWAG. Assis a aceita sem hesitar.

E, assim, salva a GERWAG.

Os velhos dias do "Grande"

O "Grande" já viu melhores dias. É verdade que ele nunca foi a primeira casa do lugar, mas, por vários anos, ninguém lhe negou a segunda posição. Como um castelo de conto de fadas, ficava num parque encantado cheio de pavilhões cobertos de madressilvas, e suas torrezinhas pareciam feitas de glacê.

Os pajens usavam um barrete com borla dourada, e os mensageiros pareciam soldados da guarda real. Os hóspedes moravam no primeiro e no segundo andares, os andares superiores serviam à *entourage*, no quinto e no sótão alojavam-se os empregados. Havia dois empregados para cada hóspede.

Quase todo dia, realizavam-se recepções nos salões vermelho, azul, amarelo e verde e, na maioria dos fins de semana, banquetes particulares no salão das palmeiras, com até doze pratos. Em maio e junho não se passava um domingo sem casamento no salão de bailes. Acontecia de casamentos serem adiados por um ano só porque, no "Grande", não havia mais dia livre em maio.

O "Grande" passou pela Primeira Guerra Mundial com elegância e, pela Segunda, com decência. Mas, nos anos sessenta, aos poucos foi perdendo o fôlego. Vendeu aqui e ali um cantinho do seu parque e procurou ignorar os blocos residenciais amarelos que surgiram neles. Mas o dinheiro não foi suficiente para impedir que a casa se tornasse rapidamente a terceira, a quarta, a quinta do lugar.

Nos anos setenta, o neto do fundador assumiu a casa. Ele fez mais uma hipoteca e vendeu o parque até sobrar apenas uma faixa de trinta metros na frente do grande terraço. Com o dinheiro, mandou construir banheiros também nos quartos do terceiro, quarto e quinto andares, mandou colocar nos aposentos altos tetos rebaixados artificiais e janelas de alumínio por toda parte e, na frente de todas as entradas, guarda-ventos modernos com letras luminosas na cor laranja, imitando o estilo *art nouveau* da casa, mas modernas.

Hoje, as pessoas são recebidas no grande *lobby* com jardim de inverno, que dá para o parque amputado por um quadro de veludo verde. Nele está escrito, em letras amarelas, "Introcom, salão amarelo" e "International Concrete, salão vermelho" e "Apresentação Electrobio, salão das palmeiras" e "Seminário Consultag, salão de baile".

Atrás, enfileiram-se longas mesas com louça, garrafas térmicas, bolo em fatias, água mineral com e sem gás, garrafas com suco de laranja e de *grapefruit* e uma placa com dizeres como: Introcom, Omnag International Concrete, Electrobio e Consultag.

Homens de rostos tensos e assistentes nervosas carregam pelos corredores telas para projeção, beamer, *flipcharts* e caixas de cartolina cheias de enunciados. Responsáveis gerais inspecionam com conhecimento de causa os *buffets* dos intervalos e trocam furtivamente "International Concrete" por "Introcom" porque esta mesa está num lugar mais bonito.

Nos quartos em que, antigamente, os garçons de cada andar cumprimentavam os hóspedes, existem hoje televisores com a inscrição "*Welcome Mr.* Hüni".

E tarde, nas suítes matrimoniais, os consultores empresariais assistem a filmes para adultos e esperam que os títulos dos filmes não apareçam na conta do hotel.

O momento certo

Cipriano combinou com Orestes de lhe telefonar ao longo da tarde. Se ele ligasse já às catorze horas, poderia ser interpretado como excesso de zelo. Ou como nervosismo. Portanto, ele vai esperar um pouco. Uma hora ou uma e meia. Mais ou menos, até as quinze e trinta. É, quinze e trinta lhe parece uma boa tradução para "ao longo da tarde".

O telefonema é importante. Pelo menos, para Cipriano. Trata-se de luz verde para o projeto Multiplan, que ele concebeu como responsável e que será apresentado na próxima jornada de diretores regionais. No fundo, é uma formalidade, pois já na fase de concepção e de pré-projeto ele buscou o consentimento de Orestes. Mas só vai ficar totalmente relaxado depois do telefonema.

Orestes está em viagem de negócios a Amsterdã e Bruxelas, mas prometeu ler o relatório no avião. "Telefone-me amanhã ao longo da tarde", ele disse. "Caso eu ainda tenha alguma coisa."

Com "alguma coisa", Orestes quer dizer objeção. Uma possibilidade que não se pode excluir completamente. Também, em um projeto tão impermeável quanto o Multiplan... Por isso, Cipriano só vai ficar verdadeiramente sossegado quando ele já tiver telefonado.

Cipriano passa o tempo imaginando a cara de alguns quando souberem que o projeto do Multiplan será inteiramente realizado. Sob a responsabilidade de Cipriano, é claro. *Bad news* para o plano de carreira de alguns presentes, pois um projeto do calibre do Multiplan é uma injeção de vitamina na carreira daquele que o dirige. Especialmente se também foi idealizado por ele.

Essas associações de idéias fazem a importância do telefonema aumentar um pouco. Talvez ele devesse repensar o horário de quinze e trinta. É provável que fique muito próximo do momento que possa ser interpretado como indiferença. Trata-se de uma estreita linha divisória entre excesso de zelo e indiferença. Talvez quinze horas fosse mais oportuno. Ou quinze e quinze?

Enquanto Cipriano ainda contrabalança o momento psicológico ideal para o telefonema de rotina para Orestes, este está sentado com Van Geert no bar do "Interconti", tomando uma cervejinha e tentando impressioná-lo. Não é uma tarefa fácil com um holandês de cem quilos que fuma um cigarro atrás do outro e cuja voz preenche o bar até o nicho bem lá no fundo mesmo quando ele sussurra, como agora, quando se trata de números. É verdade que a parte comercial foi fechada, mas Orestes fez mais concessões nas negociações do que desejaria, e quer, agora, aproveitar o lado particular do encontro para corrigir um pouco a sua imagem.

Um celular toca. Van Geert atende, resmunga alguma coisa, silencia por três segundos, respira e executa seu interlocutor com uma salva de expressões fortes holandesas. Então, desliga como se nada tivesse acontecido.

Agora são exatamente quinze horas e vinte. O momento que, nesse meio tempo, Cipriano, após meditar profundamente, determinou para o seu telefonema.

Por favor, não perturbem

Às vezes, a porta para a ante-sala do Silva fica aberta para que a Cláudia possa dar uma olhada no corredor. Isso, na verdade, não seria necessário, a porta aberta é suficiente como sinal. Mas poderia ser que um estranho passasse secretamente pela recepção; a recepcionista, Irene, ficou um pouco desatenta desde que arranjou um novo namorado. Há alguns dias, surgiu aqui um estafeta de bicicleta. No oitavo! Batia os pés com os pinos de aço das solas dos sapatos de corrida sobre a ardósia do corredor, clec, clec. Do seu *walkie-talkie* chiava: "*Blitz* vinte e um, por favor, central, pelo amor de Deus!" Felizmente, por acaso, Silva não estava no escritório naquele momento.

Os de dentro andam automaticamente na ponta dos pés quando vêem que o escritório da Cláudia está aberto. E, caso sejam dois, interrompem a conversa, se já não fizeram isso ao deixar o elevador. Ou, então, quando a porta do elevador se abre. Um processo que, em determinados dias, está ligado a um leve chiado, ninguém sabe por quê. O técnico responsável pela manutenção do elevador, que a Cláudia já mandou vir várias vezes fora do turno, supõe uma relação com a umidade do ar, mas não pode dizer com certeza. Em todo caso, toda vez que a porta do elevador se abre silenciosamente no oitavo, reina grande, porém silencioso alívio naqueles que provocaram o processo. E também entre os outros passageiros, pois toda a firma sofreria sob a eventual perturbação do Silva. Para excluir esse risco, alguns funcionários já descem no sétimo e vão pela escada até o oitavo.

Quando o Silva se retira para o seu escritório, a Cláudia também cuida para que o sanitário masculino no oitavo não seja usado. Primeiro, o sopro do secador de mão também pode ser ouvido mesmo através da porta fechada. E, segundo, o encanamento apita segundo um princípio de acaso como o da porta do elevador que chia. O sanitário feminino não conhece esse problema e, além disso, fica fora do alcance de som do escritório do Silva. Mas a Cláudia é a única dama no oitavo e não pensa em abandonar seu posto na fase crítica.

Pois, à vigilância do corredor, acrescente-se a disponibilidade para o telefone. É verdade que o Silva coloca as conversas no aparelho dela, e ela sempre instrui a central para só transferir para ela as conversas mais importantes. No entanto, ela tem de estar em condições de erguer o fone antes mesmo de ele ter tocado. Por isso, ela mantém uma das mãos sempre a um centímetro do telefone, enquanto o seu olhar corre para lá e para cá entre o monitor do computador ligado no silencioso e o corredor vazio.

Já faz oito anos que a Cláudia desempenha essa tarefa, sendo apoiada com grande solidariedade pelos demais funcionários. Não admira, pois a firma toda lucra com a clausura diária de cinco horas do Silva. É a ela que se deve o fato de a empresa crescer e prosperar.

Pois, quando o Silva dorme, ele não administra.

Entre iguais

No jantar de Natal, sempre se senta à direita de Enzo alguém com um cargo inferior. Com isso, ele quer mostrar sua solidariedade para com os funcionários e lembrar que todos estão no mesmo barco, mesmo que, de vez em quando, exteriormente, não se tenha essa impressão.

O cargo inferior é sempre escolhido ao acaso em um pequeno círculo de candidatos que sua assistente, a senhorita Miranda, reuniu em colaboração com o departamento de pessoal, de acordo com determinados pontos de vista. Por exemplo, de acordo com o número de anos de serviço (é preciso ter provado um pouco de lealdade), vencimento do aumento de salário (reconhecimento pessoal da direção da empresa, com freqüência, tem mais valor do que alguns francos a mais na conta do salário), divisão em que trabalha (a honra deve ser tranqüilamente entendida como distinção da divisão), sexo (o feminino está mais representado nos cargos inferiores) e aparência (a discrepância hierárquica não precisa, necessariamente, ser muito sublinhada pela estética).

Este ano, a escolha recaiu sobre a senhora Maria de Alencar, 43 anos, faturamento. "Nós já não tivemos faturamento no ano passado?", informa-se Enzo. Com a pergunta, ele quer demonstrar que se lembra muito bem de sua vizinha de mesa no jantar de Natal do ano passado.

"Não, ano passado foi arquivo, o senhor Luís", corrige a senhorita Miranda. O jantar se realiza, como todo ano, na sala B do centro de congressos, 312 pessoas, três pratos, *Féchy*, *Dôle*, sobremesa, café.

Enzo não conseguiu chegar para o aperitivo (um copo de *prosecco* por pessoa); o coquetel de Natal de um consultor de pessoal o reteve. Quando ele chega, os convidados já tomaram seus lugares. No lugar de honra está sentada, de frente para uma senhorita Miranda nervosa, uma senhora de meia-idade, dura de tanto respeito. Enzo interrompe a apresentação de Miranda com as palavras "Eu conheço as minhas funcionárias" e se põe a quebrar o gelo. Ele tem a *fact sheet* da senhorita Miranda na cabeça e não depende de seus acenos e sinais. Também os bilhetes que ela lhe estica discretamente ao longo da noite ele deixa desaparecer, sem ler, no bolso da calça. Enzo fez sua lição de casa. Manda o garçom de volta com o prato de carne seca (a mulher é vegetariana). Arranha um pouco de francês durante o seu monólogo (a mãe dela é de Morges). Relata sobre novos métodos de tratamento da bulimia (a filha dela sofre de distúrbios alimentares). Admite sua paixão por nado sincronizado (ela é membro de um clube de natação).

Enzo chega em sua plena forma. A mulher está tão impressionada pelo interesse pessoal dele na vida privada de seus funcionários, que praticamente não pronuncia uma palavra a noite toda.

Quando, tarde da noite, Enzo, um pouco alto, mas com a certeza de ter novamente dado uma importante contribuição à motivação dos funcionários, esvazia os bolsos do seu terno antes de pendurá-lo no cabide, cai em suas mãos um dos bilhetinhos da senhorita Miranda. "A senhora Maria de Alencar do faturamento, está doente. Esta é a senhora Laura, do planejamento."

O último domínio dos homens

Os últimos vinte, trinta anos em que as mulheres se emanciparam da secretária para a assistente, da assistente para a colega e da colega para a chefe, não foram fáceis para os quadros masculinos, minhas senhoras. É que as mulheres não podem imaginar, apesar da sua muito elogiada intuição, o que significa, além das instáveis hierarquias do mundo dos negócios, ainda ter de se ocupar das incontestáveis hierarquias dos sexos. E os executivos masculinos não estavam preparados para o fato de que essa frente iria entrar em movimento.

Túlio tampouco. Não que ele tivesse algo contra as mulheres. Pelo contrário: as mulheres sempre desempenharam um papel importante na vida dele. Não só privada, mas também de negócios. Ele não saberia, por exemplo, o que teria feito sem a Neusa, sua primeira secretária. E sem todas as suas sucessoras. Ele nunca fez segredo de quão importante é o elemento feminino em sua carreira. Tampouco em relação às mulheres em questão. Ele deixou que elas sentissem o que significavam para ele. Também no fim do mês, na conta bancária.

Mesmo mais tarde, quando as mulheres começaram a ocupar posições a que, na opinião dele, não pertenciam, ele sempre as tratara com respeito. Túlio não é do tipo machão. Nunca foi. É verdade que ele tem sua opinião sobre o papel dos sexos, mas é possível que se engane. Não é vergonhoso cometer erros. Não reconhecer os erros é que é vergonhoso. Como empresário, Túlio é flexível.

Por que não deveria sê-lo também como homem? Com certeza, há mais de dez anos que não acontece de ele perguntar: "Posso falar com o chefe?" quando uma mulher atende o telefone (pois talvez ela mesma seja o chefe).

Na profissão, Túlio aprendeu a aceitar as mulheres como parceiros de mesmo nível. Está bem, não é verdade. Mas, pelo menos, aprendeu a aceitar que elas queiram ser aceitas como tal. E a se comportar de maneira correspondente. Há muito ele perdeu o costume de pedir a mulheres presentes em reuniões "sua opinião do ponto de vista feminino". Acontece de, em encontros com participação feminina, ele dizer: "Vou fazer um café para mim, alguém mais quer?" (Um jogo arriscado, pois ele não tem idéia de como a cafeteira automática funciona.) Na nomeação dos funcionários da seção de pessoal, ele deu preferência a uma candidata externa em detrimento do candidato interno, Paulo (admito, também como um recado para o Paulo, esse bajulador). E ele aceitou a entrada de uma mulher no conselho administrativo – ainda assim, sua instância superior – sem resmungar audivelmente.

Túlio também consegue viver com o fato de que a sala de espera da classe executiva esteja cheia de mulheres martelando em seus *laptops* e cuidando do mundo através de celulares minúsculos com breves instruções que não toleram contradições.

Só quando ele está sentado no avião e, ao seu lado, uma mulher tenta colocar o braço no descanso do meio é que ele fica inflexível.

O braço da poltrona continua pertencendo ao Túlio, minhas senhoras.

Ignorar o Natal

O stress de Natal é o único stress do qual Bruno Strahl consegue escapar com sucesso. Desde que Lara fez 14 anos e Remo, 13, os Strahl alugam um apartamento nas montanhas para o Natal. Nada de parentes, nada de obrigações, nada de presentes: tudo totalmente relaxado. Uma das poucas realizações familiares da qual Bruno tem um pouco de orgulho, apesar de ele ter contribuído para isso com nada mais do que sua concordância. A idéia é de Dora, que também fez o trabalho de motivação junto aos filhos e encontrou o apartamento de férias.

Desta vez, Bruno se alegrou de modo especial à espera dos dias sem stress nas montanhas. Um longo ano cheio de pequenas crises e quase catástrofes teve um efeito negativo sobre ele, e os prenúncios do próximo também não são exatamente tranqüilizantes. Ele acompanhou com silenciosa satisfação as previsões de neve, que o fazem esperar por um mínimo absoluto de atividades esportivas de inverno. Quer dormir até que o tédio o empurre para fora dos cobertores.

Eles viajam na sexta-feira à noite, no sábado eles se instalam. Pouco antes de o comércio fechar, Dora e ele fazem compras para o fim de semana. A caminho de casa, fazem uma parada no bar *Capricórnio* na hora do *cüpli*.

Teria sido melhor terem deixado isso de lado. Pois nem bem pediram o segundo, alguém estala o compacto chaveiro do quarto no balcão, ao lado de Bruno, e diz: "Mas não é possível!" O homem tem quase 50 anos, está usando um pulôver azul-claro, de gola rolê, justo, com zíper, calças de esqui justas com suspensórios, chama-se Adauto e é o braço-direito de Saul. Verifica-se que está hospedado aqui no *Capricórnio*, esperando por sua mulher, que aparece logo depois, um pouco mais gorda do que o marido, mas igualmente vestida de modo esportivo.

Quando eles se despedem, uma hora depois, Adauto pagou os *cüpli* e se convidou para um aperitivo no dia de Natal. "Feliz Natal", ele deseja para os Strahl.

"Onde é que vamos arranjar uma árvore de Natal agora?", pergunta Bruno, quando se distancia um pouco. "Agora está tudo fechado até terça-feira."

Dora dá risada, até perceber que ele está falando sério. "Se Adauto souber que não festejamos o Natal, posso esquecer a gerência de marketing", ele afirma.

"O que uma coisa tem a ver com a outra?"

"Ele vai me difamar para o Saul como boicotador de consumo. Nenhum produtor de bens de consumo sério promove um boicotador de consumo para gerente de marketing."

"Alguém que não tenha uma árvore de Natal no seu apartamento de férias está longe de ser um boicotador de consumo", objeta Dora. Mas, por fim, ela se contenta com regatear com seu marido para "alguns ramos de pinheiro". Ele pode aliviar o pinheiro atrás do chalé de férias de uns dois, três galhos.

E, enquanto eles pensam de onde vão tirar os enfeites de Natal, passam pela Drogaria Caviezel. Na frente dela, está a árvore de Natal mais fotografada da aldeia.

Pouco depois da meia-noite, Bruno vai furtivamente até a drogaria. Pega algumas bolas, guirlandas, dois anjinhos com trombeta e um tufo de cabelo de anjo dos galhos ricamente enfeitados, quando é surpreendido pelos policiais da aldeia, Capeder e Danuser. Capeder, cuja irmã, infelizmente, é esposa de Caviezel e emprega toda a sua ambição artística em enfeitar anualmente a árvore, não está disposto a encerrar o caso como delito de somenos importância de um turista alcoolizado. Ele insiste em uma prisão provisória para exame dos documentos.

Bruno deixou o apartamento de férias sem o passaporte, e Capeder não está disposto a aceitar os seus cartões de crédito como documento. Alguém que rouba enfeite de Natal não recua diante do roubo de cartões de crédito.

Bruno se deixa arrebatar e pronuncia a frase "Se a polícia local não tem nada mais sensato para fazer: pois não!" e – depois de lhe tirarem os objetos pessoais, cinto e cordões dos sapatos – é mantido preso por uma hora num quarto para detenção. "Justamente porque todos têm algo sensato para fazer", como se expressa o cabo Capeder.

Seguem-se um interrogatório pormenorizado e a recusa de Capeder de consentir um telefonema a Bruno — risco de acobertamento.

Quando, finalmente, lhe dão permissão para telefonar para Dora, ele não sabe o número. Dão-lhe permissão de procurar na lista telefônica, mas ele não sabe o nome da locatária; Dora cuidou de tudo. Tudo que ele sabe é o nome do chalé: alguma coisa iniciada com G.

Capeder não aceita a sugestão de Bruno de levá-lo até lá. Não antes de saber quem ele tem diante de si. À objeção de que sua mulher possa estar terrivelmente preocupada, o cabo diz que ele se admira de ela ainda não ter-se apresentado. Um pensamento que Bruno também já teve.

Só de madrugada, às quatro e meia, é que Bruno é posto em liberdade. Depois que Capeder tirou uma testemunha da cama, cujo nome e número de telefone encontrou na carteira de Bruno. Ele o identificou sem objeção como Bruno Strahl. A testemunha é Adauto, o braço-direito de Saul.

Longe de casa

Quando Ramires aterrissa em Londres, respira aliviado: está chovendo. No ponto de táxi há uma fila, longa o suficiente para fazê-lo tremer de frio e se alegrar com o táxi superaquecido.

De longe, ele já reconhece o *Gremlin*. Estudou o prospecto minuciosamente antes de dizer à senhorita Sinclair: "Ah, sim, reserve para mim alguma coisa não muito retirada e razoavelmente aquecida – esse *Gremlin* parece ser mais ou menos bom, ouvi dizer."

Os porteiros usam uniformes preto-azulados com um pouco de dourado, mas não demais. O *lobby* é quente, e os seus ruídos são abafados por grossos tapetes. A recepcionista é uma bela oriental que parece ter esperado por ele. O formulário de registro foi todo preenchido, menos a sua assinatura. A recepcionista lhe deseja *a pleasant stay*.

O quarto, no entanto, é uma decepção: não possui banheira. É verdade que é amplo e fica no segundo andar, dispõe de um jogo de sala convidativo e de uma cama de casal francesa. Mas só chuveiro.

Ramires desce de novo até a recepção e recebe da compreensiva recepcionista um outro quarto. Aceita com prazer o pequeno adicional no preço.

Então, ele se instala. Tira o segundo terno da capa de proteção para roupas e o pendura em um dos pesados cabides de madeira no amplo armário. Coloca meias e roupa íntima numa gaveta da cômoda, pendura as gravatas na porta do armário e coloca o segundo par de sapatos no suporte para calçados na base do armário.

Então, vai para o banheiro e alinha ordenadamente o conteúdo de sua *necéssaire* sobre a prateleira de vidro sob o espelho.

Ramires tira a roupa e deposita cuidadosamente suas coisas no aparador. Em um cabide no banheiro há um aconchegante roupão de banho preto-azulado felpudo com a inscrição dourada "*The Gremlin*". Ele o veste. Enfia-se nos chinelos felpudos da mesma cor e com a mesma rubrica e vai até o minibar. Ele se serve de um *Glenfiddich* e senta-se na mais confortável poltrona do jogo de sala.

Lá fora, cai uma uniforme chuva londrina. O *single malt* cheira a combustão de turfa e a carvalho. Ramires não tem pressa de tomar o primeiro gole.

Quando for conveniente, ele vai imergir num banho. E, na água quente, vai estudar o cardápio do serviço de quarto e decidir se vai mandar trazer alguma coisa para o quarto ou, de preferência, descer até o restaurante. E, em caso afirmativo, se vai se decidir por *old english* ou por *new asian*. No quarto, seria mais confortável. Mas o bar também parecia bem aconchegante. E Ramires adora os *barmen* ingleses. E, amanhã, ele pode dormir um pouco mais. A reunião será somente às dez. O pessoal de Smith & Colbert pensa que ele virá com o avião matutino.

Em algum momento, após o banho e antes do bar, Ramires se lembra do tradicional telefonema para sua mulher.

"Como vai, querido?"

"Péssimo", ele suspira, "outra noite num desses frios hotéis para executivos."

Entre não-fumantes

"Aliás, Cláudio é não-fumante", Marco Vaz ainda acrescenta, por fim. Deveria ter soado casual, um aparte no fim da conversa de rotina sobre uma recepção. Mas Lisa ergue o olhar, desconfiada. "Então, ele não vai ganhar um cinzeiro."

Marco suspira de modo inaudível. Deveria ter sabido que ela não facilitaria para ele. "Quero dizer, militante."

"Mais essa", geme Lisa. "Isso quer dizer que nada de cigarros entre os pratos."

"Quer dizer: nada de cigarros."

"Na sala de jantar."

"Na casa."

Lisa faz soar seu riso claro e despreocupado, que ela reserva para piadas especialmente boas.

"Sério, Cláudio é o *coming man.*"

"Pensei que fosse você."

"Isso não depende, em último lugar, do que Cláudio pensa de mim."

"E ele terá uma opinião melhor sobre você se eu não fumar. Tudo bem." Lisa acende um cigarro e dá uma longa tragada.

"Por uma noite você agüenta. Só não quero correr risco. É pedir muito?"

"E os outros, os Prazeres e os Custódio?"

"Todos não-fumantes."

Na sexta-feira, Marco Vaz chega em casa pouco depois das quatro.

Lisa está ocupada na cozinha com a Raquel. A mesa já está posta. Damasco branco, campânulas brancas, guardanapos verdes nos pratos – nenhum cinzeiro. Marco abre as janelas.

Na sala de estar, foram distribuídos porta-copos e bandejinhas com petiscos. Igualmente, nenhum cinzeiro. Aqui, também, Marco abre as janelas. Senta-se no sofá e fareja as almofadas.

"O que é que você tem, Marco?", Lisa pergunta, preocupada. Chegou na sala com uma bandejinha de amêndoas e pensa que o marido está soluçando nas almofadas do sofá.

"Fumo", afirma Marco, "um não-fumante cheira isso imediatamente."

"E eu já estava pensando que você teve um ataque de nervos", Lisa diz e fecha as janelas.

"Não!", Marco grita. "Deixe abertas até os convidados chegarem."

"Eles vão chegar daqui a três horas; você quer que eles morram de frio?"

Assim que Lisa entra de novo na cozinha, Marco recolhe todos os cinzeiros, isqueiros e cigarros e os tranca na escrivaninha do seu escritório. Então, vai pegar o *spray* no banheiro e espalha o perfume pela casa. Por fim, passa furtivamente pela porta principal e gruda um decalque discreto sob o olho mágico. "*No smoking, please.*"

A noite transcorre um pouco cerimoniosa. Enquanto Marco ainda tenta quebrar o gelo na sala, durante o cafezinho, Lisa vai para o jardim às escondidas e acende um cigarro. Pouco depois, dois vultos saem da casa. Lisa se safa na moita.

São Cláudio e a esposa. Ela acende um cigarro apressadamente e dá uma ávida tragada. "Se tem uma coisa que eu odeio", ela dispara, "são não-fumantes militantes com a casa cheirando a *spray* de banheiro."

Um *showdown* filosófico

Quinta à noite, no *fitness facilities* para a diretoria. Nas duas esteiras, Lázaro e Urbano percorrem seus dois quilômetros. Dos alto-falantes, soa música para meditação.

"Como na vida real", Lázaro diz, subitamente.

Urbano leva um momento para perceber que Lázaro está falando com ele. Normalmente, eles não têm muito o que dizer um ao outro. "Como?"

"Como na vida real: a gente anda, anda e não sai do lugar."

"Ah, sei, isso. O senhor também sente isso de vez em quando?"

"Ultimamente, com freqüência cada vez maior. Mal a gente resolveu um problema, ele reaparece na nossa frente. Como essa mancha na esteira."

Urbano tenta olhar para ela sem perder o passo. Lázaro mostra alguma coisa na frente dos seus pés e diz: "Lá! E sumiu! E lá! E sumiu! E lá! E sumiu! E lá!"

"Sei o que o senhor está querendo dizer. Bela visão. Mal sumiu e já está lá de novo." Agora, Urbano também vê na sua esteira uma mancha que vem e vai, vem e vai.

Os dois continuam andando, cada qual absorto no constante ir e vir da sua mancha.

É Lázaro quem retoma o fio da meada. "Talvez", ele cisma, "talvez este seja o sentido de tudo: manter-nos trotando para não começarmos a pensar sobre o sentido do todo. O problema é a solução."

"O caminho é o alvo", completa Urbano, tentando dizer algo profundo também.

"É o que o *hamster* diz na roda", replica Lázaro, dando uma risada amarga.

Urbano não está certo se a observação diz respeito a ele.

Agora, os programas aceleram um pouco as duas esteiras. Isso exige toda a concentração de Lázaro e Urbano. As duas manchas vêm-vão-vêm-vão-vêm.

Quando o intervalo de passo acelerado termina, Lázaro diz, ofegante: "E, como na vida real, não somos nós que determinamos o tempo. Não temos escolha, a não ser continuar a andar. Temos de tratar de mantê-lo".

Urbano prossegue com a idéia. "E, no entanto — se ficássemos parados, seríamos jogados de volta. Como na vida real. Não temos escolha, a não ser continuar a andar. Continuar a andar é a nossa única chance de, pelo menos, ficar no lugar."

Urbano quer demonstrar a teoria com um experimento. Parar um pouquinho, desaparecer por um átimo de segundo do campo de visão de Lázaro e, no último momento, aparecer de novo para ele.

Lázaro, que quer manter a superioridade esportivo-filosófica, tem a mesma idéia. Ele fica parado no mesmo segundo.

Justo nesse instante, o poder mais alto da eletrônica muda para passo acelerado. Urbano e Lázaro são catapultados, para trás, para fora da esteira.

Os dois sofrem, na região do cóccix, uma complicada quebra na carreira.

A manhã de domingo do Martinho

Domingo, nove e onze. Desde as sete horas e três Martinho está acordado. Beatriz ainda dorme. Às oito e doze, acreditou por um momento que ela tivesse acordado. Ele bocejou como alguém que se recusa com toda a força a se levantar. Ela fez "psiu" e continuou dormindo.

Aos domingos, Martinho é sempre o último a sair da cama. A gente não é um robô. Ninguém consegue sair da cama todo dia pouco antes das sete e entrar no dia de dezesseis horas. Pelo menos, não por muito tempo. Dormir bastante uma vez por semana é o mínimo que se pode permitir a uma besta de carga como Martinho.

Beatriz murmura alguma coisa.

"Hummm?", faz Martinho, como se saísse de uma profunda inconsciência.

Beatriz não reage. Nem mesmo com "psiu". Só sua respiração calma e regular chega ao ouvido dele.

Aliás, não é todo mundo que consegue isso, pensa Martinho, simplesmente desligar. A maioria das pessoas continua trabalhando, pensando, decidindo. Esses são aqueles que, um belo dia, fazem crec! São consumidos por dentro até ficar só a casca. Então, por um motivo mínimo: crec!

Amado é um desses, pensa Martinho. Ele poderia apostar que o desempenho de regeneração de Amado deixa a desejar. Um dia, isso vai quebrar o pescoço dele. Crec! Agora ele pode – visto superficialmente – estar em vantagem com relação a Martinho. Pelo menos, no presente. Mas o homem não é nenhum regenerador, disso Martinho tem certeza. Só a idéia de que Amado ainda pudesse estar na cama agora, contando a respiração da sua mulher, já lhe parece grotesca.

Um ruído desvia Martinho da regeneração. Alguma coisa rouca na suave respiração de Beatriz. Seria o início de um ronco? Martinho se admira. Não pelo ronco em si, mas pelo momento. Normalmente, isso acontece com Beatriz na fase de sono profundo. Mas, sono profundo às nove horas e vinte e oito?

Amado deveria imitá-lo nisso um dia: domingo de manhã, na cama às nove horas e vinte e oito; ao lado dele, a mulher na fase de sono profundo!

Um dia, essas serão as reservas que Martinho vai poder mobilizar contra Amado no momento decisivo. Quando ele tiver vomitado tudo, quando Martinho o tiver acossado através de todos os cargos de sua carreira, vai ultrapassá-lo nos metros finais.

Agora, a respiração de Beatriz voltou a ficar tranqüila. Martinho imagina como vai ultrapassar Amado. Está ao abrigo do vento e se regenera até Amado arrefecer. Nesse momento, Martinho toma a dianteira. Amado cai para trás, não tem mais ar. Crec! É o que soa bem atrás de Martinho.

Às dez horas e dezoito, tudo indica que Beatriz está se levantando. Mas, então, ela se vira mais uma vez. Só às dez e quarenta e dois é que, finalmente, ela se esforça por sair dos lençóis.

Martinho boceja, agradecido. Vai ter de ficar deitado só até as onze horas e doze.

Pois, aos domingos, Martinho é sempre o último a sair da cama.

A autoridade do Veridiano

Veridiano está sentado na sala de estar, bebendo um uísque. Ester já está lá em cima. "Você também vem?", ela tinha dito após o jornal da noite. – "Daqui a pouco", ele tinha respondido. – "Mas não se irrite de novo", ela ainda tinha gritado para ele da escada.

Ele não vai se irritar. Caso Lucas não lhe dê motivo para isso. Mesmo que ele lhe desse um: não se trata de se irritar ou não. Trata-se de seu filho aprender que vinte e três horas e trinta são vinte e três horas e trinta. E NÃO vinte e três horas e quarenta. Trata-se de Lucas, não dele. Ou, na medida em que ele, como pai, distinga a totalidade de sua tarefa. Não só ordene, mas também comprove se suas ordens são seguidas. Como, aliás, um bom empresário. *Voilà.*

Veridiano zapeia a programação noturna e toma outro gole. Até agora, está tudo OK. Vinte e três horas e cinco. Ainda vinte e cinco minutos de tempo para Lucas mostrar um pouco de maturidade. Veridiano agiria como se, por acaso, ainda estivesse acordado. Um programa que o interessou. Ele não mencionaria o surgimento pontual de Lucas com palavra alguma. Não se gastam palavras com coisas indiscutíveis. Não nesta casa.

Veridiano vai até o aparador com o copo quase vazio e o enche de novo com uísque. Não é um segundo drinque, apenas o prolongamento do primeiro numa medida habitual. Ele se senta de novo e passa por filmes sobre animais, noticiários, reprises e séries empoeiradas. Vai bater vinte e três horas e vinte.

Ele não faz isso sempre. Só de vez em quando. O rapazinho precisa saber que tem sempre de contar com o fato de ele estar acordado. Precisa saber que a palavra dele vale. Quando ele diz vinte e três horas e trinta, então é porque são vinte e três horas e trinta.

Às vinte e três horas e trinta e dois, Veridiano aumenta seu uísque para uma dose generosa. Dois, três minutos ainda estão na tolerância de um relógio Swatch difícil de ler. Mesmo porque, pode-se esperar de um jovem de 16 anos perspicácia suficiente para incluir num plano uma reserva de alguns minutos. Veridiano não vai se irritar; vai assistir relaxado a esse filme muito interessante sobre as regiões em que o melro dourado choca seus filhotes. E, quando Lucas chegar, ditar bem calmamente as sanções. Proibição de sair por duas, três, quatro semanas, dependendo do atraso, meu caro!

À meia-noite, ele se decide, excepcionalmente, por um segundo uísque, desta vez, desde o início bem generoso. Pouco antes da meia-noite e meia, ele o arredonda de novo. Depois disso, deve ter dormido algum tempo.

Ele acorda com um ruído e abre os olhos. Os gemidos não são dos melros dourados chocando, mas de um casal de jovens procurando pela roupa numa mesa de bilhar. Ao lado do sofá está Lucas, que diz: "Papai, é melhor ir para a cama".

Na manhã seguinte, na reunião semanal, Zacarias chega quatro minutos atrasado. – "Quando eu digo oito e trinta", vocifera Veridiano, "então quer dizer oito e trinta!"

O próprio Rivaldo

A "Bergruhe" é uma velha construção cheia de parquetes que rangem, encanamentos que apitam, radiadores que martelam e ruidosas descargas de banheiro. Quando, finalmente, o *one-man-show* desliga seus órgãos no *hall* de entrada, ouvem-se os passos daqueles que vão para a cama e os táxis daqueles que ainda querem mais. E Rivaldo sabe: eles voltarão dentro de algumas horas. E não vão fazer silêncio.

Depois da terceira noite praticamente insone, ele faz um escândalo para Marta antes do café da manhã. Para a atmosfera, diz, está pouco se lixando. Prefere se hospedar num *bunker* à prova de som e conseguir dormir. Está de férias e, para ele, isso significa descanso penosamente merecido e extremamente necessário. Ele precisa de sossego, depois vai ter barulheira suficiente de novo.

Marta não o acompanha no café da manhã e também se recusa a correr com ele. Mas quando Rivaldo volta, à tarde, há um saquinho da drogaria da aldeia com uma caixa de tampões de cera para os ouvidos em seu criado-mudo.

Nunca na vida ele usou tampões de cera, resmunga. Não poderia contar para ninguém que, na "Bergruhe", teve de dormir com tampões de cera.

Mas quando, pouco antes da meia-noite, ele continua escutando os números extras do sintetizador (pela terceira vez *Volare*), pouco depois, o vizinho do quarto ao lado abre a torneira da banheira e o vizinho do quarto de cima chega com as botas de esqui, ele liga o abajur (a Marta que acorde), abre a embalagem dos tampões de cera, lê as parcas instruções, amassa duas bolinhas de tamanho apropriado e as enfia nos ouvidos.

Subitamente, os ruídos são desligados. Rivaldo apaga a luz, fecha os olhos e se espanta de não ter, ele próprio, tido essa idéia.

De repente, ouve alguém respirando bem perto dele. Não é Marta, ele conhece a respiração dela. Parece um homem. Um inspirar um pouco rouco, então, nada outra vez; um expirar intermitente, então, nada outra vez; então, um inspirar sôfrego, nada, nada, então, um expirar aliviado, nada, um ressonar baixo, nada.

E, além disso, o rumorejar. Um conjunto de ruídos abafados e palpitantes, como de uma cidade grande diante de uma janela não totalmente à prova de som. Toda vez que a respiração pára, ela incha. Sibila, martela, estala, zune, borbulha, até ser novamente abafada por uma nova variante de inspirar e expirar de seu companheiro de sono.

Rivaldo arranca os tampões dos ouvidos. Imediatamente, os ruídos são substituídos pelo lamento de um cano d'água e pelo golpe surdo de uma pequena avalanche do telhado.

Ele enfia de novo os tampões de cera. Olha ele aí de novo, o rumorejar, borbulhar, pulsar, martelar, estalar. E também o inspirar, o nada, o expirar, o nada.

De repente, Rivaldo sabe quem é que ele está ouvindo: o próprio Rivaldo.

Mais duas respirações, de novo o aumento do rumorejar interior, então ele arranca novamente os tampões de cera.

Acontece com Rivaldo o mesmo que com a maioria das pessoas: ele não agüenta a si mesmo.

O pequeno homem do tempo (I)

"E você tem certeza de que eles não têm filhos?", pergunta Rute Lopes quando já estão quase fora de casa. Foram convidados para a casa dos Pereira, uma *mésalliance* hierárquica sem igual. O homem está dois níveis abaixo de Lopes, mas é de uma obstinação inimitável.

"Têm", diz Lopes, "um."

Rute fica parada. "E por que você não me disse?"

"Você não perguntou."

"Claro que perguntei. Você não ouviu. O que você vai levar para ele agora?"

"Eu? Nada."

"Não vou de mãos vazias."

"Você chama isso de mãos vazias?", Lopes ergue para o alto o buquê de três quilos.

No quarto de Pedro que, no momento, está na escola de recrutas, procuram por algo que possa servir.

"Menino ou menina?", Rute pergunta.

"Não faço idéia, procure alguma coisa neutra."

"Idade?"

"Lá pelos dez."

Eles topam com um pequeno livro, grudado na embalagem original. *O pequeno homem do tempo. Introdução à meteorologia para jovens meteorologistas.* Provavelmente, há anos um convidado o trouxe para Pedro.

Só depois que Rute o embrulhou em papel para presente, natalino demais para o gosto de Lopes, é que eles puderam sair de casa. Chegam quase meia hora atrasados.

O filho se chama Patrício, tem 15 anos e vai dormir esta noite na casa de um amigo. No dia seguinte, quando abre o pequeno embrulho, diz: "Hã? *O pequeno homem do tempo*?" e coloca o livro na estante junto com os outros inúteis presentes de convidados.

"Eu ficaria contente se você escrevesse algumas linhas de agradecimento para os Lopes", Pereira diz para o seu filho no *brunch* de domingo.

"Quem são os Lopes?", diz Patrício, mastigando.

"Aqueles que lhe deram o livro sobre meteorologia."

"*O pequeno homem do tempo*?", Patrício sorri zombeteiramente. Com isso, por enquanto, o tema está resolvido.

Pouco depois, num encontro no elevador, não totalmente acidental para Pereira, ele diz para Lopes: "Meu filho está fascinado com o seu livro de meteorologia".

"Que bom! É uma área interessante, eu mesmo sou um pouco um homem do tempo", responde Lopes, para preencher o tempo até o quarto andar, onde Pereira vai descer.

Em seu escritório, Pereira fica cismando sobre a extensão da declaração de Lopes. Se ele tem como *hobby* a meteorologia e deu de presente ao filho de Pereira um livro sobre o assunto, então isso deve significar alguma coisa que excede em muito o costumeiro presentinho constrangedor para os filhos dos anfitriões. Talvez ele queira, por intermédio de Patrício, criar um vínculo particular comum com ele.

Tarde, nessa noite, Vera Pereira acorda. Seu marido não está na cama. Ela o encontra dormindo no sofá da sala. Sobre o peito, está *O pequeno homem do tempo*.

O pequeno homem do tempo (II)

"Por que, então, Lopes traria para o meu filho *O pequeno homem do tempo* se não fosse para encontrar um novo nível de comunicação comigo?", Pereira pergunta a sua mulher no café da manhã. Está um pouco atrasado, pois passou metade da noite estudando *O pequeno homem do tempo*.

"Talvez porque ele não tivesse uma idéia melhor."

"Você conhece mal o Lopes. O homem é muito criativo. Além disso, ele próprio tem como *hobby* a meteorologia."

"Mesmo assim, acho pedir demais você querer obrigar o Patrício a estudar o livrinho. Ele tem mais de 15 anos."

"E daí? Eu tenho mais de 40 e não entendi tudo."

Vera Pereira engole um comentário.

"Acho que não seria pedir demais se o rapaz pudesse dar uma contribuição para o progresso de seu pai. Ele também aceitou o *snowboard* de 800 francos." Com essas palavras e meio *croissant* na boca, Pereira sai de casa.

A discussão, aliás, é desnecessária, pois Patrício Pereira não é desses jovens que se deixam forçar pelo pai a estudar *O pequeno homem do tempo*.

Mas Pereira nem pensa em, por causa de um adolescente – mesmo que seja seu próprio filho –, perder a chance de se comunicar com Lopes num nível extraprofissional. Quando ele o encontra (também desta vez, de modo não totalmente acidental), comenta: “Meu filho não gostou nada, hoje cedo, desses campos de cúmulos”.

Lopes o olha de um modo tão incompreensível que, após o expediente, Pereira dá uma olhada numa livraria e compra alguma coisa sobre meteorologia para pessoas com conhecimento avançado.

Leva alguns dias até surgir de novo, para ele, a oportunidade de se comunicar com Lopes no novo nível. É um dia nublado, nuvens cinzentas quase chegam até as janelas do restaurante dos funcionários no oitavo andar. Pereira surpreende Lopes a caminho do – para ele, por enquanto, ainda não acessível – restaurante da diretoria. Ele aponta para fora da janela e diz: “Estratos-cúmulos Sc, uma zona de depressão atmosférica envelhecida, supõe meu filho Patrício. Frente de oclusão com caráter de frente fria”.

Lopes o fita, incrédulo.

“É claro que não está no *Pequeno homem do tempo*”, explica Pereira orgulhoso. “Patrício está adquirindo uma biblioteca meteorológica. Graças a quem, o senhor já pode imaginar. Acho que ele ficaria muito contente se o senhor pudesse lhe dar algumas dicas ocasionalmente.”

Toda vez que Pereira topa com Lopes, cita o filho sobre a situação atual do tempo. Certo dia – frente fria, bancos de nuvens cinza-chumbo com cúmulos-nimbos carregados – ele é chamado até Lopes. “Senhor Pereira”, ele comunica, “nós estamos organizando no Rotary Clube, na hora do almoço, uma pequena série de palestras de jovens e com interesses científicos. O senhor acha que algo assim interessaria o seu jovem meteorologista?”

“E como!”, Pereira grita de alegria.

O pequeno homem do tempo (III)

À noite, Pereira tem uma conversa a sós com seu filho. “Patrício”, ele começa, “se eu lhe disser o que aconteceu hoje, você não vai acreditar.”

É exatamente assim que a coisa transcorre: Pereira diz a Patrício que o seu chefe, Lopes, quer que ele profira uma palestra, no Rotary Clube, sobre meteorologia, e Patrício não acredita. “Eu não entendo bulhufas de meteorologia”, é o seu principal contra-argumento.

“Mas eu...”, replica Pereira.

“Então dê você a palestra.”

“Trata-se de uma série de palestras de jovens com interesses científicos. Eu não sou jovem.”

“E eu não tenho interesses científicos.”

Segue-se uma longa discussão que culmina com a exclamação de Pereira: “Uma palestra para o Rotary Clube é uma chance *inacreditável* para um jovem de 15 anos!”

“Como se se tratasse de mim!”, Patrício replica. “Pra você, só conta a droga da sua carreira!”

Pereira se decide pela repressão. Ele corta a mesada. “Talvez isso o sensibilize para a influência da droga da minha carreira sobre a sua situação pessoal e estimule a sua compreensão para as leis da economia de mercado.”

Apenas dois dias depois, Patrício cede. “Eu vou proferir a palestra”, ele comunica a seu pai, “mas você tem de escrevê-la.” Pereira não tinha, de qualquer modo, a intenção de deixar essa parte do projeto aos cuidados de um jovem de 15 anos. Com a segunda exigência, por outro lado, ele tem mais dificuldade: "E eu quero mil paus".

Pereira acredita não ter ouvido direito: "Mil francos para uma palestra que *eu* vou escrever para você?"

"Leis da economia de mercado", explica Patrício.

Caso Pereira esperasse pelo apoio de sua mulher, nessa questão, ele se enganou. Pelo contrário: numa consulta a Vera, ele não consegue deixar de suspeitar que ela está por trás da exigência.

Pereira cede. Ele registra o honorário como investimento em sua carreira. Junto com os 657,45 francos para livros, material didático, cópias coloridas e transparências. Trabalha várias noites, até que Vera o traz para a cama com a ameaça: "Se, por causa do *Pequeno homem do tempo,* você tiver um enfarte, eu não vou cuidar de você".

À parte de uma reunião mais ampla do quadro de funcionários, Pereira consegue segredar confidencialmente para Lopes: "Meu filho está ocupadíssimo com a palestra".

Mas os ensaios com Patrício são uma catástrofe. Qualquer criança perceberia que ele não tem idéia do que está falando. Quando, no terceiro ensaio, ele ainda não consegue falar "convecção de Benard", Pereira vocifera: "Ensaie, ensaie, ensaie, até ficar perfeito!"

No ensaio seguinte, Patrício chega, como pequeno homem do tempo, de cabelos verdes.

Pereira não vê outra saída a não ser proferir a palestra em substituição a seu filho, que adoeceu repentinamente. É um completo sucesso.

Nos aplausos finais, Lopes murmura para seu vizinho de mesa: "Um imbecil desses e um filho tão inteligente".

Aniquilando a autoridade

"Um tanto exagerado, isso com a Swissair." Leônidas mexe, pensativo, seu café. Ele almoçou com Saião no "Leão" e estão adiantados – o serviço funcionou, excepcionalmente.

"Humm", faz Saião, "e já foi uma empresa tão orgulhosa". Ele está com uma mancha de tomate ao lado da gravata, *piccata milanese*. De algum modo, Leônidas perdeu o momento de chamar a atenção dele para ela.

"Não é isso o que quero dizer. Quero dizer Bruggisser. Imediatamente. É brutal."

Saião contesta. "Já não era sem tempo."

"É. Mas nessa posição. E, agora, o presidente e o conselho administrativo também têm de ir."

Leônidas balança a cabeça. "Não sei."

"Acho ótimo que, enfim, os responsáveis tenham de renunciar." Saião olha o relógio. Ainda é cedo. Ele acena para a garçonete, que não o vê.

"Não sei se devo achar isso tão ótimo assim. À primeira vista, sim. Mas, quando a gente procura um pouco pelos motivos..." Leônidas deixa a idéia no ar, com a esperança de que Saião retome o assunto. Mas este, agora, conseguiu a atenção da garçonete e pede mais um café.

Leônidas precisa expor, ele próprio, a idéia: "Em caso especial, pode ser certo, mas, no geral, é perigoso".

Agora, ele tem a atenção de Saião de novo. "Que perigo você vê?"

"Aumento de poder do conselho administrativo."

"De modo que se possa obrigá-lo a renunciar?"

"De modo que se possa relacioná-lo com o insucesso da firma."

Saião reflete. "Você acha que se possa relacioná-lo também com o sucesso dela?"

"Exatamente. Então, não falta muito, e ele começa a se intrometer."

Enquanto a garçonete providencia o café, Saião tenta se apropriar de sua ordem de idéias. "Tem lá suas vantagens", ele admite, por fim. "Mas, visto dessa maneira, a demissão imediata do Brotas foi correta? Quando ela aumenta a importância da função?"

Leônidas abana a cabeça, preocupado. "No caso do chefe do conglomerado ela faz o contrário. Ela restringe a importância da função. Não se pode ser demitido sumariamente de funções importantes. Pense no Papa, pense na rainha, pense no presidente da UBS. A posições importantes pode-se, quando muito, de comum acordo, renunciar com uma indenização de milhões. Mas não ser demitido sumariamente!"

Leônidas se exalta. "Isso restringe não apenas a importância da função, isso aniquila a autoridade. A saber, de todos nós! Quem é que ainda vai ter respeito por alguém que, como você, a qualquer hora, pode ser demitido imediatamente?"

Saião volta um pouco tarde para a firma. No elevador, um funcionário jovem, cujo nome ele não sabe, diz: "Molho de tomate ao lado da gravata".

Talvez Leônidas tenha razão.

Déformation professionelle

É verdade que Ana Behringer tem apenas 32 anos, mas, apesar disso, é da velha escola. Ela é o braço-direito e esquerdo de Inácio, a memória dele, seus álibis e sua ante-sala impenetrável.

Ana Behringer é bem-cuidada, pontual, cônscia dos seus deveres, educada, disciplinada e competente, em suma: ela é tudo que o seu chefe, Inácio, não é. E, na mesma medida em que ele sabe valorizar as qualidades dela, ela admira nele a falta delas. Sobre essa base surgiu uma relação profissional de muitos anos e feliz, mesmo que um pouco unilateral.

Ela inicia seu dia de trabalho pontualmente às oito, pois, a partir de então, teoricamente, pode-se entrar em contato com Inácio. Na prática, é raro ele chegar antes das nove, mas Ana Behringer é a responsável por preencher as lacunas entre teoria e prática.

"Ah, o senhor está com falta de sorte, ele ficou meia hora aqui e já foi ao seu primeiro compromisso", ela diz à primeira pessoa que telefona, às oito e cinco.

"Acabei de transferir uma ligação para ele. Receio que vá demorar. O senhor quer esperar?"

Quando Inácio realmente chega, ele já teve, em teoria, dez conversas e meia dúzia de compromissos. Senta-se à escrivaninha com seu café e jornais e se atualiza.

"O senhor Inácio esperava seu telefonema mais cedo, agora ele começou a reunião", é um dos standards dela nessa fase. E, um pouco mais tarde: "Entre dez e onze é uma hora ruim, quando todos os ingleses telefonam".

Ana Behringer já mentiu tantas vezes por Inácio que nem se lembra mais das respostas honestas. "Respondeu, sim", ela pode dizer de improviso ao remetente de uma carta não respondida, "eu mesma digitei e postei a carta. Deve estar no seu correio interno."

Quando Inácio se esquece de um compromisso, ela jura: "Às nove, não às onze, está registrado na agenda dele. E está de acordo com a minha. Ele esperou uma hora e meia".

Até mesmo quando o simpático senhor Melão (35 anos, um metro e noventa, esportivo, charmoso, divorciado como a parte inocente) vem, pela segunda vez, discutir seu relatório com Inácio, pronto há cinco semanas e que este nem chegou a tirar do envelope, ela diz: "O senhor Inácio ligou do carro. Ele está preso num congestionamento e, infelizmente, precisa adiar o compromisso com o senhor".

Eles combinam uma nova data para a semana seguinte. O senhor Melão tem belas mãos, o cabelo impecável e uma água-de-colônia discretamente acre.

Quando eles estão curvados sobre as agendas, as cabeças bem próximas, de repente, Ana sente a proximidade do senhor Melão de uma outra maneira que não a meramente profissional. Deve ter ocorrido o mesmo com ele, pois eles erguem a vista no mesmo segundo. Seus olhares se encontram, e ele gagueja: "A senhorita teria, qualquer dia desta semana, tempo para jantar comigo?"

"Esta semana a situação não está boa", Ana Behringer ouve a si mesma dizendo, "mas talvez possamos marcar alguma coisa para daqui a duas semanas."